XI GUAN CHENG JIU YUE DU

"习惯"成就"阅读"

上海市民办童园（实验）小学阅读养成12个"金点子"

主编：孙 琳　副主编：冯 馨

文汇出版社

本书编委会

主　编　孙　琳
副主编　冯　馨
编　委　沈毓蕾　陈　婕　张佩琼　焦　莹

序

习总书记说：“读书已经成了我的一种生活方式，读书可以让人保持思想活力，让人得到智慧启发，让人滋养浩然之气。”

伴随着知识经济时代和信息时代的到来，大数据已经在我们身边展开了巨幅画卷。人们的阅读载体已经不止步于书本，阅读的时间已经不停留于学校。在这样的一种态势下，就少年儿童而言，现在或是未来，成就阅读收获，植根培育和弘扬中华优秀文化传统的基础，重要的就是倚重"习惯"的养成。

上海市民办童园（实验）小学创建于2000年，二十年来，他们坚持文化育人，确立了"读书明理"的办学理念，努力探寻"读书明理"的路径。学校以引以为傲的传统优势项目——阅读作为原点，不断丰富其内涵，伸展其外延，将阅读从语文学科拓展到"广阅读"，即充分挖掘阅读的育人功能，将阅读与课堂教学、德育工作、学生生活紧密关联，从学科阅读走向"全面育人"的"大阅读"。在特色创建的过程中，学校办学内涵获得了极大的提升，办学特色也日益凸显。学校承办了由教育部中学校长培训中心主办的"让学习真实发生"的办学特色创建现场会，由静安区教育局主办的以"润德童园、阅读育人"为主题的现场会等，特色创建获得了充分的肯定及好评。

本书中提到的"习惯"，可以定义为在长期里逐渐养成的，一时不易改变的，对于未来持续发展起到长远作用的主体性行为。这些"习惯"包含了阅读的方方面面，大到系统的阅读方法的掌握运用，多元思考的产生与深入，多种工具书的使用；小到晨间的随意阅读，午间的伙伴互读，书籍的爱护，等等。这些"习惯"还承载着多样有效的实施路径和策略，这些路径与策略是老师们熟思的，孩子们喜爱的。通过数年的实践与积累，他们精准定位了成就小学生现在及未来"阅读"发展所需培养的多个"习惯"，呈现给大家的也是他们在多年研究中获得的最真实、最有效的一些做法。

在"习惯"养成的过程中，童园的孩子们收获了"坚持"，因为"习惯"的习得即是"坚持"的过程，亦是一个人走向成功不可或缺的要素；收获了"思考"，即思考文字的意义、科学的奥秘、人生的价值，进而反思自我的成长；收获了"健康"，即健康的体魄、健康的心灵、健康的生活方式和价值取向等。

让孩子们学会阅读是一种最好的教育方式，是童园（实验）小学老师送给孩子们的一件终身受用的礼物。少年儿童时期是心灵纯洁、秉性淳厚、记忆力最佳的黄金时期。培养这个时期的阅读经历和习惯，对人的一生有着非常深远的意义。在这样的时期培养"习惯"，在幼小的心灵中产生润物无声、潜移默化的效用，成就"阅读"的真实发生，也必将为孩子的终身发展奠基。

（上海市中小学德育研究协会会长）

2020 年 6 月

前　言

　　上海市民办童园实验小学创建于2000年。二十年来，我们坚持文化育人，确立了"读书明理"的办学理念，努力探寻"读书明理"的路径。回眸学校发展历史、总结梳理学校工作经验，在建立愿景、顶层设计的基础上，我们以学校引以为傲的传统优势项目——阅读作为原点，不断丰富其内涵，不断伸展其外延，将阅读从语文学科拓展到学科阅读的"广阅读"，即充分挖掘阅读的育人功能，将阅读与课堂教学、德育工作、学生活动紧密关联，从学科阅读走向"全面育人"的"大阅读"。

　　在特色创建的过程中，学校办学内涵获得了极大的提升，办学特色也日益凸显。学校承办了由教育部中学校长培训中心主办的"让学习真实发生"的办学特色创建现场会；由静安区教育局主办的以"润德童园、阅读育人"为主题的现场会，等等，特色创建获得了充分的肯定及好评。

　　回顾来路，我们深刻地体会到，伴随着知识经济时代和信息时代的到来，大数据已经在我们身边展开了巨幅画卷。人们的阅读载体已经不止步于书本，阅读的时间已经不停留于学校，阅读的视野已经不局限于传统经典。在这样的一种态势下，就少年儿童而言，现在或是未来，成就这样一种"大阅读"的基础，更重要的就是倚重"习惯"的养成。

　　本书中提到的"习惯"，可以定义为长期逐渐养成的，一时不易改变的，对于未来持续发展起到积极作用的行为。这些"习惯"包含了阅读的方方面面，大到系统的阅读方法的掌握运用，多元思考的产生与深入，多种工具书的使用；小到晨间的随意阅读，午间的伙伴互读，书籍的爱护，等等。这些"习惯"还承载着多样有效的实施路径和策略，这些路径与策略是老师们熟思的，孩子们喜爱的。通过数年的实践与积累，我们精准定位了成就小学生现在及未来"阅读"发展所需培养的多个"习惯"，呈现给大家的也是我们在多年研究中获得的最真实最有效的一些做法。

在"习惯"养成的过程中，童园的孩子们收获了坚持，因为"习惯"的习得即是"坚持"的过程，亦是一个人走向成功不可或缺的要素；收获了思考，即思考文字的意义、思考科学的奥秘、思考人生的价值，进而反思自我的成长；收获了健康，即健康的体魄、健康的心灵、健康的生活方式和态度，等等。

所有收获交织在一起更是收获了幸福。幸福是一种感觉，是享受此刻的一种感受。当孩子们因为坚持、因为思考、因为积极向上的生活态度而获得成功、获得喜悦，哪怕是获得的一个微不足道的赞赏的眼神，这种即刻的感受所带来的幸福会在孩子们的心灵中迸发出无穷不竭的动力。

让孩子们学会阅读是一种最好的教育方式，是我们老师送给孩子们的一件终身受用的礼物。少年儿童时期是心灵纯洁、秉性淳厚、记忆力最佳的黄金时期。培养这个时期的阅读经历和习惯，对人的一生有着非常深远的意义。在这样的时期培养"习惯"，在幼小的心灵中产生润物无声、潜移默化的效用，成就"阅读"的真实发生，也必将为孩子的终身发展奠基。

目 录

序（姚家群）...1
前 言..1

金点子1. 每天阅读的习惯

妙招集纳　营造阅读的氛围.......................................2
童园经典1　打造班级读书角.....................................2
　　给班级书橱起个靓名字 / 让"小白鸽书屋"飞舞起来 /
童园经典2　招募班级"图书管理员"...........................6
　　我很想当个"图书管理员" / 我的"图书管理员"应聘记 /
童园经典3　推荐富有童趣的书籍...............................9
　　小书橱里放些什么书好？ / 展翅飞翔的"小白鸽"分享 / 童老师的话——氛围的创设 /

金点子2. 静心晨读的习惯

妙招集纳　创造阅读的心静.....................................14

1

童园经典 4　晨读，阅读的"黄金"时刻 14

　　晨读有了有效时间保障 / 晨读——书香早餐，宁静时刻 / 童老师的话——积累的功用 /

金点子 3.　混龄阅读的习惯

妙招集纳　混龄阅读的互惠 20
童园经典 5　相互牵手的阅读 20

　　兄弟姐妹般的混龄阅读 / 混龄阅读中的游戏情趣 / 童老师的话——混龄阅读的妙趣 /

金点子 4.　兴趣激励的习惯

妙招集纳　智造阅读的乐趣 26
童园经典 6　巧用激励培养兴趣 26

　　"争章本"上踊跃贴小红花 / "榜单"牵着学生阅读之心 /

童园经典 7　善用评选积极鼓励 28

　　童园读书小明星产生啦 / 好书排行榜，总是看不够 / 童老师的话——创能的评价 /

金点子 5.　规范姿势的习惯

妙招集纳　教会阅读的姿势 34

童园经典 8　保持良好坐姿，掌握拿书姿势 ……………… 34
　　提点指导培养正确姿势 /
童园经典 9　掌握大声朗读的正确姿势 ………………… 36
　　手捧站稳还得大声朗读 /
童园经典 10　规范读书姿势儿歌 ………………………… 38
　　儿歌引领规范阅读姿势 / 童老师的话——养成的习得 /

金点子 6. 爱护书籍的习惯

妙招集纳 1　善待阅读的载体 ……………………………… 42
童园经典 11　看书前后应该洗净双手 …………………… 42
童园经典 12　归还书籍应该分类有序 …………………… 44
童园经典 13　损坏书籍应该及时修补 …………………… 46
　　童老师的话——播种好习惯 /
妙招集纳 2　爱护图书的比和赛 …………………………… 48
童园经典 14　伙伴之间比一比赛一赛 …………………… 49
　　孩子们争当护书小使者 / 童老师的话——爱书的美丽 /

金点子 7. 专心阅读的习惯

妙招集纳 1　发现书中的资源 ……………………………… 54
童园经典 15　学习拼音中增加识字量 …………………… 54
童园经典 16　看插图中增添阅读兴趣 …………………… 56

童老师的话——发挥想象力 /

妙招集纳 2　增智的以情促读 58

童园经典 17　老师引导推荐优秀读物 58

童园经典 18　师生共读一本书享快乐 61

童园经典 19　阅读在感悟中获得认知 63

童老师的话——情感的桥梁 /

妙招集纳 3　探究的以思促读 65

童园经典 20　用心读懂定格中的画面 65

童园经典 21　在反复阅读中学会思考 67

童园经典 22　互动阅读中分享新发现 69

童老师的话——领会的心灵 /

金点子 8.　共同阅读的习惯

妙招集纳 1　渲染阅读的情景 76

童园经典 23　"亲子阅读卡"蕴藏大能量 76

童老师的话——增强的"四力" /

妙招集纳 2　指导亲子阅读 78

童园经典 24　亲子阅读搭建沟通桥梁 78

童老师的话——共读中成长 /

妙招集纳 3　激励亲子阅读 80

童园经典 25　评价的激励　阅读的动力 80

童老师的话——鼓励的评价 /

金点子9. 读写结合的习惯

妙招集纳1　会做笔记的功效 84
童园经典26　读书做到"眼、口、心、手、脑""五到" 84
　　做好"五到"让读书活起来/
童园经典27　读书要常动笔墨重圈点 86
　　须养成"不动笔墨不读书"/
童园经典28　养成记读书笔记的习惯 88
　　平时勤笔记积累有提升/童老师的话——学习好方法/
妙招集纳2　注重阅读的过程 90
童园经典29　点滴坚持见证成长历程 91
　　童老师的话——知识的消化/
妙招集纳3　打开阅读的思维 95
童园经典30　思维导图丰富阅读方法 96
　　童老师的话——理解的强化/
妙招集纳4　拓宽阅读的途径 98
童园经典31　在阅读实践中收获价值 98
　　童老师的话——阅读出价值/

金点子10. 善用工具书的习惯

妙招集纳1　常用工具书的效用 102

童园经典 32　老师故意找学生"借"字典 102
　　童老师的话——使用工具书 /
妙招集纳 2　学习使用工具书 104
童园经典 33　授人以鱼，不如授人以渔 104
　　童老师的话——意识的引导 /
妙招集纳 3　学生互荐字词典 106
童园经典 34　与工具书交朋友 107
　　童老师的话——热爱工具书 /

金点子 11．多元思考的习惯

妙招集纳 1　思考阅读的情境 110
童园经典 35　阅读大 PK 中发现异同点 110
童园经典 36　真情实感穿越书中人物 115
　　童老师的话——认知的提高 /
妙招集纳 2　激发阅读的思维 120
童园经典 37　质疑是阅读的良师益友 121
童园经典 38　阅读中理解沉浸中反省 122
童园经典 39　比较与对话中形成观点 124
　　童老师的话——思辨的演绎 /
妙招集纳 3　强化阅读的交流 127
童园经典 40　大有魔力的班级书友会 127
童园经典 41　别样的读书交流添新意 131

童园经典 42　让闲置的图书飞扬起来 133
　　童老师的话——同伴的共读 /

妙招集纳 4　浸润阅读的文化滋养 135

童园经典 43　读自己 136
　　"我想上《童园童言》"实现啦 / 静读·细思·成长——阅读心路 /

童园经典 44　读他人 139
　　待到感悟时，精读编演中 /

童园经典 45　读世界 143
　　透过博物馆领略中外风 / 童老师的话——阅读的分享 /

金点子 12.　方法运用的习惯

妙招集纳 1　理解的阅读（Ⅰ）——读懂每一词语 148
童园经典 46　联系生活实际法 148
　　童老师的话——展开生活场景 /

童园经典 47　词素拆解法 150
　　童老师的话——可先拆再合 /

童园经典 48　近义词或反义词置换法 151
　　童老师的话——能换个词语 /

童园经典 49　词义引申法 152
　　童老师的话——应"关联"理解 /

童园经典 50　联系上下文，打通理解环节 154
　　童老师的话——会串上下文 /

妙招集纳 2　理解的阅读（2）——读懂每一句话……………… 156
童园经典 51　联系上下文，抓关键词语…………………………… 156
　　童老师的话——看懂前后文 /
童园经典 52　联系时代背景………………………………………… 159
　　童老师的话——了解文章背景 /
童园经典 53　用缩句法读懂长句…………………………………… 161
　　童老师的话——学化长为短 /
童园经典 54　注意修辞手法，理解句子内在含义………………… 163
　　童老师的话——懂修辞释义 /
童园经典 55　联系文章中心，理解句子意思……………………… 165
　　童老师的话——巧"望文生义" /

妙招集纳 3　理解的阅读（3）——读懂每一段话……………… 167
童园经典 56　总分关系……………………………………………… 167
　　童老师的话——读懂总与分 /
童园经典 57　并列关系……………………………………………… 169
　　童老师的话——前后无主次 /
童园经典 58　因果关系……………………………………………… 172
　　童老师的话——借文辨因果 /
童园经典 59　转折关系……………………………………………… 174
　　童老师的话——要看转折词 /
童园经典 60　承接关系……………………………………………… 176
　　童老师的话——抓先后顺序 /

妙招集纳 4　理解的阅读（4）——读懂一整本书……………… 179

童园经典 61　设计话题 179
　　童老师的话——三个"切入点"/

童园经典 62　将讨论引向深入 182
　　童老师的话——推荐有助于理解的读物/

童园经典 63　探究细节，抓住重点 184
　　童老师的话——从上下连贯中把握整体性/

童园经典 64　巧妙整合，拓展延伸 188
　　童老师的话——引阅读深入/

童园经典 65　老师引导　掌握方法 191
　　童老师的话——适当的启发/

童园经典 66　自主探究　自如运用 193
　　童老师的话——添阅读潜能/

后　记 195

金点子 ①

每天阅读的习惯

  爱阅读、多阅读、会阅读，用阅读充实孩子们的心灵。让阅读融入学生每天的生活中，促使阅读、思考成为孩子们的第二天性。每天阅读，关键在于坚持。这一习惯的培养，应该从学生们刚进校门的第一天就开始做起。在老师的帮助下，同学们互相督促共同完成。在这期间，老师要充分考虑到孩子的兴趣、个性，要给孩子自由选择阅读的空间，循序渐进，慢慢进入正轨。

妙招集纳

营造阅读的氛围

阅读总是需要场所的，阅读的乐趣却绝不仅仅取决于场所，它和读什么书、当时的心情、什么样的时间以及是否被打扰等因素，都有很大的关系。更不要说我们的阅读态度和阅读动机了。没有一个良好的阅读情境和阅读氛围，很难收到良好的阅读效果。学生在校时我们应该充分利用起来，在班级营造良好的阅读氛围。

刚成为一年级的小学生对什么都感到好奇，特别是对教室后面的一排大书架产生了兴趣。怎样顺势把握住这份好奇心，激发他们课外阅读的兴趣呢？

童园经典 1

打造班级读书角

给班级书橱起个靓名字

刚入学的孩子们对教室里的一切都感到新奇。记得孩子们看到书橱的第一眼，又兴奋而又好奇地说道："老师，老师！教室里有个好大的书橱呀！""上面能放好多书！我们可以看吗？""能看，能看！欢迎大家光临！"老师的一句幽默话语，逗乐了孩子们。是呀，孩子们！希望你们透过"小书橱"这扇小窗，欣赏到更丰富的世界。

学校为每个班级的书橱添置了许多崭新的书籍。孩子们又有主意了："老师，要是小书橱有一个既吸引大家又有意义的名字那多好呀！我们再把书橱用彩纸装点起来，它一定会成为班级里一道亮丽的风景线。""说得好！那我们就行动起来吧。"

在班会课上，老师向全班学生发出了"班级小书橱——我来起名字"的活动倡议：请同学们挥动智慧的魔法棒，为精致的书橱拟定一个可爱、响亮、朗朗上口的好名字。希望大家积极参与活动，大奖等着你！

倡议一出，班级沸腾了。全班学生行动起来：休息的时候想名字，回家的路上想名字，连吃饭的时候还在想着起名字……

别小瞧一年级的小朋友年龄小，他们参与活动的热情不亚于高年级同学。小朱同学说："我想，我取的书橱名要像每个人的名字一样，富有特殊含义。于是我深思熟虑，考虑了差不多整整一晚，搞得我小小年纪，头发差点白了。书橱叫'美丽世界'好不好？"安琪同学慢条斯理地说："我对这次'班级小书橱——我来起名字'活动非常感兴趣。脑子里蹦出了好多名字，想来想去，有两个名字我特别喜欢。一个叫'多味书虫园'，我觉得每个人在看书的时候就像一条条书虫，而书就像一个五彩缤纷的大花园，书虫在品味各种口味的书籍。还有一个名字叫'书香便当'，我认为书就像一个美味的早餐便当，让我觉得既好吃又有营养。我起的名字你们喜欢吗？"同学们一致认为安琪起的两个名字都很有意思，经过大家热烈讨论，决定采用"书香便当"作为班级书橱的名字。

"给班级书橱起名字"活动拉开了休闲阅读的序幕，激发了同学们阅读的积极性，好戏还在后头呢！

让"小白鸽书屋"飞舞起来

开学那天,老师迈着轻快的脚步走进教室,满面笑容地向孩子们报告一个喜讯:"同学们,为了让你们读得更快乐,学得更有趣,请大家为班级里的书橱起个名字。""起名字?"孩子们的眼中流露出疑问。老师笑着说道:"书橱,就是将图书放置在固定地点,由大家拿取阅读,自主归还。这种开放性的自取自读、读后再取的图书流动模式是我们重要的学习方式。阅读是一扇窗,或者说是一条路,帮助我们通向另外一个世界,去获取人类文化的精华。书橱就是让书在流动中发挥作用,实现传递知识的价值。请大家回去为书橱设想名字及含义,明天我们开个征集会。"……

第二天,书橱起名征集会热热闹闹地开始了。

快人快语的小赵同学首先发言:"我为书橱起名为'小蜜蜂书吧',我们读书吸取知识就犹如蜂采蜜,读的书越多,酿的蜜也越甜。"他的发言博得了一些同学的首肯。

"接下来该我啦!"班里的热心肠小陈同学随即上台发表见解,"我觉得'小苗苗书站'也不错。我们是小苗苗,书籍就是滋润我们的营养品,我们终将从苗苗长成参天大树。"她的一番激情发言使教室里的气氛热闹了不少。

"'小龙鱼书阁'是我为书橱起的名字,我们好似鱼儿在书海中畅游。再说鱼也符合图书'漂'流的特点呀!"机灵豆小楼同学笑嘻嘻地说着。

……

书橱名的提议一个接一个,孩子们的热情让老师的心头暖暖的,但总觉得在名字的立意上有所欠缺。"同学们,你们的书橱名非常有意义。可是从图书流动借取的含义出发——让班级的各个角落漂流书香、知识、文明与美丽。你们是否觉得还缺些什么呢？"

老师的话让热闹的教室一下子安静了下来，孩子们有的皱眉又苦思冥想起来；有的交头接耳小声议论着，互相启发灵感；有的眼巴巴地看着老师，希望从老师的话语中能找到答案……

"老师，我有个提议……"循声望去，是小林同学，一个文文静静酷爱读书的女孩子。她怯怯地站起身，小声说道。

"不用怕，大声点！"老师微笑着鼓励她。

"我觉得书橱的名字应该是'小白鸽书屋'。"她的提议引起了其他同学的小声议论。小林同学看了看周围，在老师鼓励的眼神中继续大声说道："图书借阅是让一本书去旅行，到我们不同的人的手中阅读，它将动员我们读书，并检验我们的道德。借阅图书，流淌的不仅是图书，是书香，是知识，更是传播着诚信，传递着文明。小白鸽飞离自己的家，即使远在千里之外，也能准确无误地飞回来，这不正是我们借阅图书所需要的诚信和文明吗？而且随着我们阅读量的增加，小白鸽亦会飞得更高更远，让书香飘溢于我们的校园，创设出浓郁的读书氛围。"

"哗——"小林同学的一段话赢得了同学们热烈的掌声。我们终于拥有了书橱的名字，拥有了借阅的美丽。

同学们，请赶快来到"小白鸽书屋"，开始阅读书籍的旅程吧。让我们在旅途中尽情地享受阅读的浪漫与芬芳，尽情地享受阅读的自由与快乐！

> 童园经典 2

招募班级"图书管理员"

我很想当个"图书管理员"

班级开放式的书橱自然离不开图书管理员的照顾。"图书管理员"招募信息一出，就受到了同学们的高度关注，纷纷到老师这儿应聘，场面非常火爆。老师最后采取了"轮流管理制"，按照主动报名情况，两位同学合作管理，任职一星期，然后依次往下轮。

师生一起给图书编了号码，由两位管理员在本子上进行登记，每天放学前做好整理清点工作。每节课下课，管理员就得到书橱前上岗了，他们的工作是维持看书纪律，保护好书籍不丢失、不损坏。看书文明爱惜书的同学，管理员还奖励他们"大苹果笑脸娃娃"章。

管理员们干得特带劲，因为是轮流的，因为是被信任的，因为想为同学服务，因为还可以在书橱前看书……这完全是自主自理的行为，老师看在眼里，喜上眉梢。

图书管理员小艾同学在周记里写道：

有一天，陈老师要选图书管理员了，我非常想当。原因有两点：第一，当了管理员，我可以多看书了，我太爱看书了；第二，在保护图书的同时，还可以为大家服务。我真的当上了管理员，我和小吴搭档，真开心。回到家，我迫不及待地向妈妈要了一本新的笔记本做记录本，用来记录同学们借书情况。这天，我还在陈老师的支持下在班级里宣布了几条看书规定：第一，借书时不要拥挤，请排队；第二，要爱惜图书，不损坏；第三，请当天借当天还。

同学们都很喜欢我班的小书橱，每节课下课都有很多人来借书，我心里美滋滋的！

管理员小赵同学有他的管理故事：

有一次，我的好朋友小宇来借书，他要借一本《名人小故事》。他找到了书，拿起来拔腿就跑到了座位上，认真地看了起来。到了还书的时候，我发现他手上的书破了。我要他粘好书，他求我："我们是好朋友，饶我这一次，好吗？"我说："这怎么行啊？我可不能包庇你。"因为这么一闹，他就不理我了。下午放学的时候，我叫他把书修好。他非但不愿意，还在为这件事情生我的气呢！我一怒之下，打了他一下，他一扭身子，气呼呼地走了。晚上，我越想越难过，拿起电话向他道了歉。他也向我承认了错误，我们又成了好朋友。

当管理员的这一星期，让我增长了不少见识，更让我知道了同学之间团结友爱的重要性。

孩子们是真的喜欢这个小书橱。他们会主动地把自己喜欢的书带来也放在书橱里给大家看。手巧的孩子还做了漂亮的折纸，画了卡通画来装饰它。在小艾同学的带领下，几个管理员凑在一起写了份"爱护书籍须知"贴在书橱上。小书橱更是吸引了那些个顽皮的孩子，他们也会凑到书橱前，翻翻这本，再看看那本……

我的"图书管理员"应聘记

"小白鸽书屋"即将启动喽！班里的孩子无一不欢欣雀跃，他们奔走相告，商讨着要带什么书来丰富书橱，希望能借到自己心仪已久的书来与知音分享……

如何能让孩子们更好地借阅书籍，有质量地汲取书中营养，还需要一些得力的小帮手来穿针引线。于是，老师在班中张贴了招募"图书管理员"的告示，并要求携带"工作方案书"前来应聘。这下，班级里热火朝天了，一份份《管理守则》出现在老师面前，其中有一份详尽有特色的方案跃入了老师的眼帘——

图书管理员职责内容

一、要求：认真、负责、细致

二、工作内容：

1. 将"小白鸽书屋"中的书归类摆放，让喜欢读书的同学取阅方便。

2. 为使更多同学能了解到某一本书的阅读信息，借阅图书的人有义务在阅读完毕后，在该书的扉页的表格中撰写阅读日志、趣闻、阅读感言、人物写真。

3. 借阅图书的同学阅读后，将该书交还给图书管理员，由管理员记录后放回到书屋。管理员应认真利用记录本记录班内每位同学借阅书籍的情况（借阅记录、归还日期、检查阅读感言及图书完好情况）。

4. 请借取图书的同学自觉爱护图书，以便其他同学阅读。

老师将这份方案公布后，获得了大家的一致赞同。自然，方案的主人小李同学也成了图书管理员。老师又将权力下放，允许他组建一支图书管理员队伍，由他作为队长带领志同道合的队员们根据方案设计表格，排班到岗值日。

真不能小瞧了这些小小的娃娃，在他们的群策群力下，阅读表格新鲜出炉，人员安排井井有条，管理到位认真负责。

看哪！"小白鸽书屋"前人头攒动，小小的一方书橱让孩子们拥有了一片宽广自由的天地，他们在书海中遨游，主动地去探求知识,汲取知识。

图书管理员让"小白鸽书屋"充分发挥了它的作用,使学生读出滋味,读出兴趣,读出领悟,读出收获,读出能力,读出一片碧海蓝天。

童园经典 3

推荐富有童趣的书籍

小书橱里放些什么书好?

在低年级的教室里,小书橱里究竟该放些什么书呢?

选择书,老师有自己的原则:不盲目选择经典、名著,而是首选贴近孩子的生活、符合低年级孩子的年龄特点、语言优美、富有儿童情趣、引发孩子心灵共鸣的书籍。追求故事性和趣味性是每个儿童的天性,只有学生选择自己感兴趣的读物,他们才能深入地理解读物的内容。

有一段时间的午餐后,老师向孩子们推荐了表现"自信与乐观"的《了不起的狐狸爸爸》,像孩子一样快乐的《小猪唏哩呼噜》,珍惜、感恩、温暖的《猜猜我有多爱你》,用心寻找《小王子》,天真快乐的《爱丽丝漫游奇境》,为名誉而战的《舒克和贝塔历险记》……孩子们的脸上充满了笑容,他们渴望的心情,沿着空气爬到他们那明亮的眼睛里。老师听见了自己心跳的声音,怦、怦、怦的,欣慰而又快乐。

从此,他们一头扎进书堆里,一本本地寻找自己的意中物。在那里，他们认识了美丽善良的白雪公主，认识了可怜的卖火柴的小女孩，认识了勇敢坚强的鲁滨逊……一个个故事深深地吸引着他们，感动着他们，他们享受着做一条书中之虫的快乐。

展翅飞翔的"小白鸽"分享

望着同学们手中一本本从小书橱中借阅的书籍，老师发现孩子们特别爱读"马小跳系列"丛书，看来贴近学生校园生活、情节生动诙谐的小说吸引住了大批小读者。满心喜悦之余，老师不禁想起鲁迅先生曾有过的形象论述："必须如蜜蜂一样采过许多花，这才能酿出蜜来，倘若叮在一处，所得就非常有限。"怎样利用书橱这一平台让孩子们广泛涉猎各种书籍，置阅读于五彩缤纷的信息之中呢？老师陷入了沉思。

于是，老师与班中的图书管理员召开了会议。在大家的群策群力下，开始了"小白鸽展翅飞翔行动"——

图书管理员每天会记录同学们借阅的情况，并每周公布班级借阅畅销书排行榜。在此基础上，轮流安排图书管理员每天利用晨读一分钟，通过"我介绍我读书"的活动向全班同学推荐畅销书，近期就有《窗边的小豆豆》《豆蔻镇的居民和强盗》《小时候就在想的事》《兰心的秘密》……这样让小朋友们汲取广泛的健康向上的知识，以此来培养他们的阅读兴趣。

俗话说："知之者不如好之者，好之者不如乐之者。"为了使自己头脑充实，视野开阔，思维新颖，图书管理员们都积极阅读这些书籍，并且在阅读中遇到好的内容，自己积累起来，在活动中展示给大家，让大家共同欣赏。有时也将读书的方法介绍给大家，孩子们共同交流心得。在一旁参与的老师和他们一起读读课外书籍，也会觉得清风拂面，神清气爽。

童老师的话

——氛围的创设

　　作为孩子们阅读的引领者,要创设良好的阅读氛围使孩子们爱上读书。首先要了解孩子的阅读需求,其次是尊重孩子的阅读兴趣,最后是细心关注,帮助孩子挑选适合的课外书籍。

金点子 ②

静心晨读的习惯

俗话说:"一年之计在于春,一日之计在于晨。"每天早上是学生进行阅读的最佳时机,利用这一时间让学生阅读就好像拾麦穗一样,通过学生每天一读,每天一句的积累,必会取得良好的效果。

对于刚入学的一年级孩子来说,晨读可是一个很大的考验:书包要理好,文具要摆放整齐,和好朋友再打声招呼,随后精心挑选阅读的书籍……真正开始晨读了,晨读结束铃声也响了起来。晨读似乎成了一句空话,怎么办?

妙招集纳

创造阅读的心静

读书是一种率性而读的乐趣。在读书时,安安静静地在书中带着自己的思想去读别人的故事,心灵是自由的,生命处于和谐的状态,这种读书时的心境使阅读本身成为生命的享受和乐趣。这是一种纯然的、无功利性的、诗化的阅读。

老师们应该着力培养学生阅读书籍时必须心静,静则能读书,静则能沉潜于书的世界,静则能享受读书的快乐。

童园经典 4

晨读,阅读的"黄金"时刻

晨读有了有效时间保障

开学一周后的一天早晨,老师 7 点 45 分来到教室,看见大多数孩子已经到校了,正暗暗欣喜着:嗯,孩子们还是挺配合学校提出的晨读时间要求的。可高兴之余,突然发现孩子们一个个正忙着收拾自己的学习用品,没在读书呀。这时,小杨同学从教室外匆匆走进来,跳入了老师的视线。最爱看书的他一进教室就迫不及待地把书包往座位上一放,在书架上取了书便专心致志地看了起来,前后用时不到一分钟。对呀，进了教室就看书，这正是老师想要的晨读状态呀。灵光闪现，立即行动。

晨读一结束，老师就请孩子们说说今天晨读的收获。孩子们面面相觑，说实在的，真的没几个孩子认真在看书。这时，老师慢慢走到小杨同学身边，请他说说晨读时看了哪本书，是什么内容。他镇定自若地站起来，不紧不慢地讲述起来……在大家惊讶的表情下，老师再请孩子们观察小杨同学的课桌有什么不同，他们一下子就发现：他桌上什么也没有，只有一本书。大家都以为老师要批评小杨同学。只见老师笑眯眯地说："今天，老师要表扬小杨同学，因为只有小杨同学保证了晨读时间，使自己真正阅读了20分钟。"

老师环视了一圈坐在位子上安静听自己说话的孩子们，接着提出了明确的晨读要求："孩子们，一年之计在于春，一日之计在于——""晨！""对呀！我们要好好利用这宝贵的20分钟晨读时间，不能让它偷偷溜走。7点45分来到教室，第一件事情是什么？""像小杨同学一样，放下书包拿书看。""你们真聪明！对呀，小朋友一来到教室，马上放下自己的小书包，到书橱里拿喜欢的图书安静地坐在位子上阅读，其他的什么事情也不要做。大家听明白了吗？""明白了……"孩子们齐声回答。

老师表扬的魅力是巨大的。第二天有一批孩子加入了到校就取书阅读的队伍，第三天有更多的孩子加入进来，晨读有进步，有保障了。

现在每天清早，学生一到校，就拿着本书坐在位子上安静地阅读。书中的小小故事，陪伴他们度过了一天又一天，他们常常"馋涎"于书的美味而忘记周围的一切。

晨读——书香早餐，宁静时刻

孩子们经过一段时间和书的磨合，渐渐地有了这样的认识："有的书像甜甜的巧克力，咬一口便品尝到它的美味；有的书却像那酸酸的橘子，最初并不爽口，但细细咀嚼，便会感到一股甜味。"是呀，孩子们，你们每天花20分钟在书海中蹒跚而行，辛劳且幸福着。当我们每天迎着晨曦走进鸟语花香的校园，呈现在眼前的都是一幅幅浸润在书香中的美好画面：

小懒虫变形记——

我在幼儿园时大家都叫我"小懒虫"，因为我经常赖床导致上幼儿园迟到。进入小学后我再也不赖床了。这是为什么呢？让我悄悄地告诉你：因为我的学校就是一个书的乐园。学校里到处都是书，楼梯口、走廊上、教室里，堆着满满的书。这些书大多数是我没有看过的，非常吸引我！有的故事让我非常感动，有的故事又让我捧腹大笑。课间我还会和小伙伴分享交流，可开心啦！

为了能有更多的时间看书，我决定不再赖床，每天调好闹钟，等它一响就起床，连吃饭都比以前快多了。

晨读的魔力可真大，让我变成了勤劳的小蜜蜂。

——吴钰文

晨读，书香早餐——

不知不觉中，我已进入童园第四年了。每天早晨，我们都会坐在教室里安静地看书。秋游的那天，同学们都早早地来到教室，大家都很兴奋，教室里到处是吵吵闹闹的声音。我心想：秋游一年只有一次，难得一次不晨读有什么关系？但转念一想我是班长呀，我不做好晨读榜样，那同学们还能自觉地看书吗？于是，我还是认真地看起书来，带动着身边的同学慢慢地安静下来开始看书……

晨读是书香早餐，在不知不觉中改变着我，不仅增长了我的知识，也培养了我良好的晨读习惯，为我美好的未来打下了扎实的基础。

——倪舜鑫

老师不知道在未来孩子们会不会羽化成蝶,但并不在意,因为老师知道,在他们的成长中,只要有书做伴,就一定会有快乐和他们同行。

童老师的话
——积累的功用

早晨是一天中记忆最好的时间,从学、从记、从说的角度来说,这是积累知识和积累语言的最佳时机。长期坚持可以增强孩子的语感。

老师要求学生每天在摘抄本上认真抄写一句喜欢的句子,这样的形式既简单又能培养学生养成静心阅读的好习惯。这样的晨读形式就像拾麦穗一样,可以让学生在晨曦中通过每天一读、每天一句的过程,逐步饱满文学知识。

每天晨读,好习惯会让人终身受益。

金点子 ③

混龄阅读的习惯

书,一个多么文雅与诗意的名字!我们拥有了它,就拥有欢乐的源泉,就拥有无比充实的时间,就拥有丰厚的知识与优雅的气质……童园的孩子爱读书,琅琅书声是这里最动听的音符,捧书阅读的孩子是这里最可爱的风景。在这样一个美丽的季节,我们选择了混龄阅读,以书会友,让书成为传递芳香的途径,传递友谊的红色丝带,这是一件无比美妙的事情。

妙招集纳

混龄阅读的互惠

混龄阅读的好处有很多。单纯从阅读本身来说，它可以让孩子积累知识、拓宽视野，很多绘本或故事传达出来的真善美浸润着孩子的心灵。混龄阅读带给不同年龄段的孩子的益处也是不同的。混龄阅读模式能给年纪幼小的孩子提供和不同年龄同伴交往的环境，在这个环境中，年龄较大的孩子能从和年龄较小的孩子的交往中展现自我，学会照顾别人并且能付出爱。而年龄较小的孩子则能从年龄大的孩子中学习他们的阅读行为，对于自我成长会有所助益。在共同的阅读中，不仅扩大了孩子们的阅读接触面，还通过各种形式的阅读游戏感受到了阅读的乐趣，体会到了阅读的魅力。混龄阅读，给孩子们带来了不一样的成长。

童园经典 5

相互牵手的阅读

兄弟姐妹般的混龄阅读

又到了混龄阅读的时间了，孩子们每逢这一时刻总会先欢呼雀跃一番。混龄阅读带给不同年龄段的孩子的益处也是不同的。对于高年级的孩子来说，跟低年级的弟弟妹妹们在一起，他们俨然是一个个小老师，能为弟弟妹妹讲故事可是一件了不起的事情。弟弟妹妹们更是对哥哥姐姐羡慕不已，听得认真极了，他们也想像哥哥姐姐那样，会讲那么多好听的故事。

瞧！小姜同学在混龄阅读中感受到的——

混龄阅读开始了，我们排好队来到阅读室，环顾四周我看到高年级的哥哥姐姐已经拿起了书本正在阅读，我也走到书架前，拿起一本《橘子姑娘》认真地看了起来。还没看到第二自然段，我就发现看不太懂。刚想放下书本，这时，坐在旁边的大姐姐，似乎感受到我需要帮助，说："看的《橘子姑娘》呀！我也看过这个故事，是不是有疑惑呀？"我红着脸，不好意思地说："嗯，'要找橘子姑娘，要看金子的心肠'，这句话我不太懂。"大姐姐说："不要纠结一字一句的磕绊，先阅读一遍，就会豁然开朗。"我按她的方法，继续阅读。终于我读完了，就对大姐姐说："看完整个故事后，我好像明白了之前不懂的句子。"大姐姐耐心地说："是的，阅读需要毅力与恒心，读书的乐趣往往会从磕绊和曲折中获得。"我欣然地点点头，心想：大姐姐的知识真丰富呀！混龄阅读让我领会到阅读的技巧和意义，让我的眼界更加开阔，希望下次阅读活动快点到来。

身为大哥哥的小吴同学成了小老师后，感受颇深哪——

今天是周二，又轮到我们班到趣阅坊看书，我拿起一本《我和狮子爱尔莎》津津有味地看了起来。这时，一群一年级的弟弟妹妹在老师的带领下也走进趣阅坊，"大家注意了，一年级的小朋友如果有不认识的字或者词可以请教哥哥姐姐们……"老师的声音响起。我们点点头，又各自沉浸在书的世界里。

"哥哥，这个词是什么意思？"一个怯声怯气的声音打断了我。我定神一看，原来是个小妹妹坐在我身旁，她大大的眼睛忽闪忽闪地看着我，期待着我的回答。我沉思了一会儿说："风雨同舟，是一个成语，指在狂风暴雨中同乘一条船，一起与风雨搏斗，比喻共同经历患难。"小妹妹听了点了点头说："哦，这个词有什么故事吗？""春秋战国时期，吴越两国连年交战。有一次两国的老百姓同乘一条船渡河，开始他们互不理睬，途中遇到狂风，他们齐心协力……终于安全到达对岸。"我绘声绘色地娓娓道来，小妹妹听得入了神。"哥哥，你知道的可真多啊……你还可以给我讲讲其他的吗？""程门立雪、闻鸡起舞……"我们继续小声交流着……不知不觉中，上课铃声响起。"哥哥，谢谢你！有机会你一定还要教我哦！""好的！"我们挥挥手，各自向自己的教室跑去。

今天我们的共同阅读，让我收获颇多。我不仅教会了妹妹很多成语，自己也重温了精彩的成语典故。混龄阅读不但增进了不同年级学生间的友谊，还让我们在互动中学会合作与交流。

混龄阅读不仅让孩子们在阅读过程中领会到阅读的技巧和意义，更有了相互学习的榜样，孩子们一起积累知识，一起拓宽视野。混龄阅读所传达出来的真善美浸润着孩子们美好的心灵。

混龄阅读中的游戏情趣

每日午间30分钟的混龄阅读时间是短暂的，但混龄阅读的效果却凸显着非凡。看那趣悦坊、悦动坊内，有的高年级孩子会为借阅哪本书籍而细细查阅着，以此作为弟弟妹妹们的榜样；有的低年级孩子甚至会特地找到几次谋面的大哥哥大姐姐来询问书籍中的疑惑；还有的高年级孩子特意从书架上找出一些适合弟弟妹妹们阅读的书籍让他们阅读，而低年级的孩子们则如获至宝般静心沉醉其中。

看到此景，老师喜在心中。但如何能让混龄阅读不流于形式，而深深印入他们每一个人的心中呢？孩子们最喜欢游戏，老师不禁想，让混龄阅读也能充满游戏的情趣。对呀！要渲染气氛，激起孩子们参与游戏的欲望。

　　于是，老师趁热打铁，利用每月最后一次混龄阅读结束前的十分钟时间带领高低年级的孩子们两两混合组队，进行小小的混龄阅读竞赛。针对这一月以来大家阅读的书籍内容或开展朗读比赛，让学生选择自己所阅读的不同体裁、不同内容的精品文章，声情并茂地配合朗读；或进行"读书知识竞赛"，孩子们自己设计竞赛题，题目形式多样，有选择题、问答题、人物模仿题……小伙伴们踊跃参加，高年级的孩子带着低年级的孩子一起查询资料，一起探讨答案，活动气氛非常热烈。

　　小小的混龄竞赛培养了学生的阅读情趣和阅读能力，兴趣被激发起来，效果也随之而出。无论是高年级学生还是低年级学生，他们的赏析水平也随之提高。再回到混龄阅读时，阅读因此变得更有声有色有活力，这让混龄阅读真正地深入人心。

童老师的话
——混龄阅读的妙趣

　　混龄阅读是一种阅读精神与乐趣的相互传递与分享，不同年龄的儿童在阅读中相互交往，从而学会关心、分享、合作等行为。混龄阅读记录了他们之间的解疑答惑，更记录了他们的思考与结论。在混龄阅读中充分体现了孩子们自己智慧的结晶，也是他们热爱读书、善于思考的见证。

金点子 ④

兴趣激励的习惯

做一件事能否成功,"喜欢"和"热情"远比"任务""要求"更重要许多。兴趣可以使一个人的力量发挥到极致,也可驱使一个人献出一切精力和智慧,排除所有障碍,直到抵达自己的理想境地。

我们都知道学生喜欢游戏、喜欢表现、喜欢比赛,利用游戏可以创设浓厚的阅读氛围,激发孩子阅读兴趣,点燃求知的火种。比如设计各种游戏式的阅读活动:朗读比赛、读书知识竞赛、讲故事比赛,等等。谁读得好,谁就获得同学们最热烈的掌声和老师一定的奖励。

当然,这样的阅读活动中要多设擂台,多设奖项,让学生捧着"成果"回家,得到更多的赞扬和笑声,学生的阅读愿望更会欲罢不能,将会更积极主动地飞到浩瀚的书海里去遨游,去探索奥妙无穷的大千世界,去欣赏祖国优美的语言文字,去享受知识,享受语言,在广阔的阅读天地里自由翱翔!

> **妙招集纳**

智造阅读的乐趣

低年级学生最乐于接受老师的夸奖,同学的称赞。表扬和鼓励会使他们内心充满了愉悦感和成就感。老师要抓住这种心理特点,适时表扬鼓励,以期取得最好的阅读效果。

> **童园经典 6**

巧用激励培养兴趣

"争章本"上踊跃贴小红花

阅读是随时随地发生的,所以时间很有弹性,除去上课时间,小朋友是随时可以借阅书籍的。有了书橱,爱读书的孩子如鱼得水,但是总有那么几个孩子,他们的兴趣完全不在阅读上,当别人读书的时候,他们要么趴在窗口发愣,要么拿着尺子和橡皮做跷跷板。怎么让他们也喜欢上读书呢?来硬的吗?曾经犹豫过,读书应该是件自然而然的快乐事,不能强求啊!老师要想办法帮助他们。

有竞争才有上进心,有上进心才能有进步。老师想到了可以采用激励的手段鼓励孩子多阅读。学生每读完一本书,都到管理员那儿"领赏"做好登记,并根据字数奖励小红花贴到"争章本"上。当然,学生读完一本书后，管理员都要考考他，看他是不是读有所得，不光看数量，还要看质量。读得特别好的学生，老师就奖励他一本新书。

老师还为学生制定了一张阅读表格，根据自己的阅读实际情况，如实地填写表格。每周一根据所填的内容为依据进行评选。

本周你看过的书	
本周你看过书的字数统计	
本周你最喜欢的书是哪本，理由	

阅读争章活动，让那些对阅读不感兴趣的孩子也开始了尝试。现在再来看看这些孩子们，有空都会很自然地走到书橱前，挑选自己喜欢的书来看，或站、或靠、或皱眉、或嘴角含笑……都沉浸在书的世界中。

望着他们微笑投入的神情，老师也明白了，他们是真的感受到了阅读的乐趣。老师也会经常装作不经意地问他们读了什么有意思的故事，跟他们聊聊书里好玩的段落。日子一天天过去，阅读成了孩子们心目中跟吃饭一样理所当然的事情了。

"榜单"牵着学生阅读之心

在浓浓的书香氛围里，孩子们与书交上了朋友，涌现了很多"小书迷"，他们阅读范围之广，读书数量之多，让人惊讶，是学生们身边最好的学习榜样。

在班级或是校级层面都可以设立一块板报，设立一块"读书小明星"的表扬榜，吸引孩子们去学习，去模仿，期待着下次他们也能上这个光荣榜。排行榜也可以张贴学生评出来的"最受欢迎的好书"吸引学生去阅读。

童园经典 7

善用评选积极鼓励

童园读书小明星产生啦

一届又一届的"文化滋养"系列读书活动都会涌现不少爱读书、会读书、乐读书的小书迷。老师们觉得，如果把他们的读书成果布置在学校公共场所，一定会产生很好的反响。

于是，经过一番筹划，童园学生的"读书小明星"光荣榜推出了，被布置在操场最东面，进校门左转显眼的位置上。这个光荣榜涵盖了一到五年级的同学，每班一名，一个月评选一次。"童园读书小明星"光荣榜的推出，激发了同学们的阅读积极性，他们多么想自己的名字也能出现在榜单中啊！

一年级小书迷小张同学的自述：

上了小学以后，我认识的字越来越多，我开始自己读书。在这里，我知道了地球既有自转又有公转，才有了白天和黑夜；在这里，我来到了大人国和小人国；在这里，我骑着白鹅在天空中飞行；在这里，我为卖火柴的小女孩哭泣，为岳飞将军的壮志未酬鸣不平，为那些可爱的小昆虫们感到快乐……读书也让我渐渐地懂得了做人的道理，使我更加热爱科学、热爱学习、热爱生活！

的确，读书使小张同学感受到了很多快乐，使他变成了一个幸福的人。

有更多的孩子积极参与到童园各类读书活动中，在活动中享受到读书的甜蜜。四年级的小小"藏书家"小陈同学在藏书过程中，感受到了无穷乐趣。她在升旗仪式上向大家介绍道：

我来到了童园小学。一进入校园，就感受到了童园浓浓的书香氛围。教室、图书馆、走廊，到处是我们读书的天地，让我们像春天里的小树苗一样每天都滋润在书的养分里，也像一尾尾欢快的鱼儿遨游在一望无际的书海中。

妈妈也支持我阅读，她送给我最多的礼物就是各类书籍了。渐渐地，家里的书橱都摆不下这些书了，而且我发现橱里的书有些杂乱。乘着假期，我决定要整理我的小书橱了。我按照学到的图书管理方法做了一本目录，把书分成文学、科学、辅导、杂书等几类。然后我给每本书按照类别贴上不同颜色的标签，按照颜色把书放一块儿。放着放着，我发现教辅书有点多，使得其他种类书都放不下了。怎么办呢？我在房间里搜寻着，发现一个正方形的空纸盒，有了！我就把教辅书单独放在纸盒里，腾出地方不就可以放我其他书了吗？

妈妈看着忙碌的我，笑着说："做任何事情只要认真去做，一定会做好的。"果然，花了大半天工夫，我把书橱整理得格外整洁，看上去多舒服呀！书籍分了类，贴了标签，放在一起，今后要看什么书，一目了然啦！

我要感谢童园，培养了我的阅读兴趣，使我爱读，教我会读，让我善读。

同学们只要经过这个"童园读书小明星"榜前，都会驻足观望，他们是佩服这些读书小明星呀。也许，他们正期待着下一月的读书小明星光荣榜上，会出现他们的名字呢。

好书排行榜，总是看不够

班级的书橱是传播知识和阅读的重要场地。占地整整一堵墙的教室书橱就是一条"知识长廊""文化长廊"，让孩子们时刻浸润在书海中。

  白天，暖暖的太阳透过明亮的玻璃窗射进来，整个书橱洒满一片金黄。孩子们特别喜欢在这里活动：或细语、或翻阅、或寻找……他们还给这个书橱起了个好听的名字，叫"快乐阳光屋"。这个快乐的地方，放着许多孩子们爱看的书籍，他们从这些生动的小故事里明白了道理，汲取成长的力量。

  孩子们还给班级的书橱列出了"好书排行榜"，一个月就会更新一次。对于孩子来说，如果别人都在谈论的那本书自己没看过，那可实在太"逊"啦，所以说什么也得看一遍。我们的好书排行榜，每次都在代替老师悄悄地问候孩子们："这本书你看了没有？"

  孩子们最喜欢参加"好书排行榜"的评选活动，他们都为自己喜爱的书籍投上一票。这些书就是我们小书架上百读不厌的上榜好书：《波普先生的企鹅》《精灵鼠小弟》《小布头奇遇记》《无人岛探险记》《老鼠阿贝漂流记》《爱德华的奇妙之旅》《三个吃冰激凌大王》《亲爱的汉修先生》《银顶针的夏天》《风之王》……

  为了让孩子们不偏食，学校还为孩子们增加了不少自然科学类的书籍，像《蝗虫一族——趣味昆虫童话》《绿色魔术——植物的故事》《小福尔摩斯训练营——逻辑探案》《小福尔摩斯训练营——科学探案》《大眼睛看世界·植物天地》《101个动手益智游戏》《令孩子惊奇的72个科学异想》，这些可都是男孩子们的最爱！

  老师用一句话书评的形式，再配上上榜书籍的精美封面，布置在书橱上方的板报上，起到了交流的作用。下课了，孩子们聚到书橱前，津津有味地看着好书介绍，遇到感兴趣的还会和伙伴交流。有的同学甚至还会去书店把上榜的好书一口气全买回家收藏着，细细品读。慢慢地，这个"好书排行榜"成了孩子们的阅读指南。

童老师的话
——创能的评价

  在活动设计中关注每个学生的过程经历，使活动内容更具开放度、互动性。各种新颖独特的评价手段，犹如一股春风，吹进教室。我们实践着，求索着，努力使自己成为一株会思考的芦苇——"评价什么，谁来评价，在哪里评价，什么时候评价和怎么评价"。老师们边思边行，边行边思，体验这样的阅读评价给孩子带来的收获。

金点子 ⑤

规范姿势的习惯

阅读姿势是阅读中一项重要的基本功训练。通过阅读姿势训练可以培养学生阅读的技能和良好的阅读习惯。对于低年级的学生来说,养成良好的阅读姿势是至关重要的。实践证明,在学生的学习活动中,特别是在阅读教学中培养阅读姿势,可以收到事半功倍的效果。

> **妙招集纳**

教会阅读的姿势

如果学生对所要做的事有很大的兴趣，有很高的积极性，那学生对这件事的主动性就较高，效果就好。对于刚迈进低年级的孩子，专靠教师讲大道理是无济于事的，教师必须通过多种形式，从趣入手，反复地向学生阐明良好阅读姿势的作用、要求。

> **童园经典 8**

保持良好坐姿，掌握拿书姿势

提点指导培养正确姿势

清晨，当老师走进教室与孩子们一起晨读时，发现教室里很安静，孩子们都在津津有味地阅读着自己心仪的书籍。可是美中不足的是孩子们的阅读姿势很不一样：有的拿着书，歪着身子，斜倚在书桌旁；有的把书放在腿上，头埋得低低地阅读；还有的把头侧向左边，搁在左臂上，斜着眼睛看书……看着这些完全不讲究姿势阅读的孩子们，老师不禁急在心里：读书，不拿出真精神就一定读不好。端正地坐着比较容易提起精神，这完全符合生理规律。长此以往，这样不正确的阅读姿势还会让身体产生不健康的状态，得尽快帮助他们拥有良好的阅读坐姿。

　　老师心生一计，走到讲台边坐下，将书放在膝盖上，做出低垂着头看书的模样。过了一会儿，便故意叫起来："哎哟！""老师，您怎么了？"孩子们闻声关切地询问起来。"老师只顾着看书，没注意姿势，结果颈椎不舒服了。""老师老师，我听奶奶说颈椎病会引起头晕的，您快去休息休息吧。"听着这关心的话语，老师趁热打铁："都怪老师自己读书姿势不正确，引发了颈椎病。所以你们读书可要注意正确的坐姿呀！不然各种因为坐姿不正引起的毛病也会找上你们的。"

　　孩子们听了老师的话，纷纷点头。"那怎样的阅读坐姿才是正确的呢？"孩子们闻言都直起腰，挺起胸，坐得端端正正地看书。"老师还要告诉你们呀，读书时不光要坐端正，拿书本的姿势也要正确。"老师一边演示，一边讲解，"读书时，双手捧着书本，书本上端稍抬高与桌面成45度角，头稍向前倾，这样容易看清字体，还能避免颈部肌肉紧张和疲劳。把书竖直或平放在桌上都是不正确的。请你们照着老师的样子试一试。"孩子们随即模仿起老师的样子来，并互相纠正着。老师一边巡视表扬保持正确阅读姿势的孩子，一边纠正部分孩子的坐姿，并酌情颁发奖章以资鼓励。这大大激发了孩子们的积极性，一个个都精神饱满地端坐着看书，并保持着。

　　之后，我们继续发挥着孩子们的榜样作用，请孩子们当小老师互相监督纠正，请考章员增设"保持良好的阅读姿势"一项内容对孩子们进行考章，老师适时地张榜公布表彰。就这样，孩子们在轻松愉快中知道了保持良好的阅读坐姿和正确拿书姿势的重要性和作用。

童园经典 9

掌握大声朗读的正确姿势

手捧站稳还得大声朗读

从小学一年级入学开始,就培养孩子渴望阅读、热爱阅读,已经成为童园语文老师的共识。在阅读课上,除了指导学生大量阅读书籍以外,老师往往会布置阅读课外书籍的作业,第二天点名让人朗读。可每次到了点名朗读的时候,我们发现有相当一部分孩子会感到格外紧张。怯场的孩子有的低下头,有的把书立起来挡住头,这样的孩子希望老师不要点到自己。而那些被点名朗读的孩子从座位上站起来,在大庭广众之下朗读文章的情况也不尽如人意,书摊在桌上,头低垂着朗读,声音放不出,且结结巴巴,缺乏情感,很不连贯。

看来,孩子们回家的朗读只是注重了用眼阅读,而忽略了大声朗读。其实大声朗读能让孩子大声把看到的内容念出来,就不会走神,就会去关注自己朗读的内容。同时对记忆也很有帮助,那些背课文比较快、比较准的学生,往往都喜欢大声读出来。这就是大声朗读的重要性。当然,大声朗读的好处远远不止于这些,除了对孩子学习的帮助,大声朗读还能帮助孩子树立良好的性格,改善一些心理问题,让大脑处于兴奋的状态,树立孩子的自信心……这些好处不仅对孩子眼下的学习有帮助,还会让孩子受益终身!

于是,老师专门利用一节阅读课与孩子们探讨关于大声朗读的这件事。老师站在讲台前,将书摊放在桌上,低着头看着书,小声地讲解着书中内容。只两三句后,便有胆大的学生提出了异议:"老师,我们听不清。""是吗?"老师随即挺直身板,双手捧书,大声响亮地重复了刚才的讲解。"同学们,你们有没有发现刚才老师的讲课状态有什么不同吗?"

一石激起千层浪,孩子们的小手高高举起。"老师两次站立的姿势不一样。""发出的声音也不一样,第一次轻,第二次响。""那你们喜欢老师的第几次讲课姿势呢?""第二次。"孩子们异口同声地答道。"为什么呢?""第二次看上去比第一次精神,声音响亮好听。""老师也喜欢看到你们这样精神的大声朗读的样子。"老师紧跟着的这句话触动了他们的心。

紧接着的朗读训练非常顺利——孩子们站姿挺拔,如小松树般挺立,双手捧书在胸前,视线自然下垂,能大胆地大声读出文章内容来。为了让孩子们在家里也能养成大声朗读的习惯,老师们又利用微信向家长推送有关"大声朗读对孩子的好处"的文章。请家长们能配合老师耐心地引导、鼓励孩子大声朗读。

待到下一节阅读课时,孩子们的朗读状态得到了大大的改观。当老师询问他们在家怎样练习时,孩子们的话语天真可爱。"我每天早晨在阳台上大声地读,把那些树木、花草当成听众,不要想太多,集中精力做就好了。""我设想自己站在舞台上大声朗读表演,爷爷奶奶爸爸妈妈坐在台下是观众。"……老师听了很感动,心里热乎乎的。

紧接着每周一次的"小小朗读者"评比,更是让孩子们将最好的一面呈现给了老师和同学们。他们大声大胆地把自己看到的有意义,能启发、激励他人的好文章与大家分享。一句句朗朗上口、优美的语言,一篇篇催人上进、励志性的文章,让同学们沉醉在阅读中……赢得了老师和同学们的热烈掌声。

孩子们从害怕朗读到喜欢上了朗读,朗读渐渐成了他们的一种生活习惯。他们从中可以学到好多东西，也可以不断完善自己的朗读。

童园经典 10

规范读书姿势儿歌

儿歌引领规范阅读姿势

常言道，坐有坐相、站有站相，读书也有自己的正确姿势。阅读姿势的矫正，让孩子们在平时的阅读中能以正确的姿势读书。但事实上，总有部分孩子会忽略阅读姿势正确的重要性，习惯于用自己喜欢的坐姿去读书。尽管老师多次提醒，可仍会反复出现读书姿势不端的情况。面对这些六七岁的娃娃，讲一堆大道理，无疑收效甚微。怎么调教他们呢？凡事"物来顺应者，简也"。老师琢磨着：儿歌，是儿童喜闻乐见的体裁，何不借助它们引领这群孩子呢？

我们便把读书姿势的要求一一细化，用朗朗上口的儿歌串联起来，领孩子们熟读成诵，先挂在嘴边，再慢慢落实到言行中。如：

读书姿势儿歌（一）
读书时要做到：
胸离桌子一拳远，
眼离书本半臂远，
肩平、背直、手臂平，
双脚平放稍分开，

书本还要往外斜。

读书姿势儿歌（二）
人坐正，
脚放平，
左手压书，
右手指读，
眼睛看书，
字字过目。

孩子们特别喜欢，常把读书姿势儿歌挂在嘴边，特别是读书前更是诵一句便按儿歌要求的内容做一句。见孩子们热情如此高涨，老师趁热打铁，请他们也来编编读书姿势的儿歌。这下，涌现了不少小诗人，瞧——

（一）
小朋友，读书时，身要坐正，
脚要放平，眼离书本要一尺；
左手按，右手指，眼睛看，大声读。

（二）
读书时，要注意，
肩放平，身坐正，
眼睛离书要一尺，
养成读书的好姿势。

虽然语言稚嫩，但契合主旨，且又是孩子们自己的作品，读书姿势的纠正问题迎刃而解。正确的读书姿势好习惯的养成，更有助于孩子们的阅读积累。

童老师的话

——养成的习得

习惯的养成不是一朝一夕的，它需要一段时间训练。尤其对于小学生来说，他们的可塑性很强，只要教师认识到培养阅读姿势的重要性，并有计划、有目的进行训练培养，那么学生良好的阅读姿势就能逐渐养成。

金点子 ⑥

爱护书籍的习惯

  书中自有颜如玉,书中自有黄金屋,书更是我们心灵的寄托,因此,我们更应该爱护书本。那么,我们应该怎么爱护书本呢?比如,可以包上书皮,看的时候要轻翻,看书时要先洗手,书不能放在地上,这样书会变潮,也不要把书放在太阳照射或者是有暖气的地方,这样书就变黄了……只要你有一颗爱护书籍的心,说不定你能想出更妙的方法。

  一年级学生刚进入小学的时候,与老师朝夕相处,他们的模仿对象一定是老师。老师的一言一行都影响着学生,所以我们一定要做一个自我约束、爱护书籍的好榜样,让孩子从小在心里就能够知道,爱护书籍是一种基本的习惯,而这个习惯的养成会让孩子受益终身的。

金点子6. 爱护书籍的习惯

妙招集纳 1

善待阅读的载体

刚开学的时候，我们在图书架上放上许多图书，孩子们似乎也挺喜欢看的，课间的时候总能看到很多孩子到那边看书。过了一段时间以后，老师发现很多孩子没有及时把书放到原先的地方，书架那里往往是一片狼藉，虽然每次都提醒，但效果不是很好。怎样使他们养成爱护书籍的好习惯？那就要用孩子们喜闻乐见的方式教会他们了。

童园经典 11

看书前后应该洗净双手

今天，利用阅读课时间，老师特地带领孩子们一起来认识书籍，什么是封面、什么是封底，该怎样看书……看孩子们兴致勃勃地拿着书籍，翻过来，翻过去，老师适时地给他们讲起了"鲁迅小时候爱护书籍"的故事。

鲁迅小时候对书籍特别爱护。他买回书来，一定要仔细检查，发现有污迹，或者装订有问题，一定要到书店去调换。有些线装书，很容易脱线，他就自己动手改换封面，重新装订。看书的时候，他总是把桌子擦得干干净净，看看手指脏不脏。脏桌子上是绝对不会放书的，脏手也是不翻书的。他最恨用中指或食指在书页上一刮，使书角翘起来，再捏住它翻页的习惯。他还特意为自己准备了一只箱子，把各种各样的书整整齐齐地放在里面，箱子里还放了樟脑丸，防止虫蛀。鲁迅小时候养成的爱书如宝的好习惯，贯穿了他的一生。他自己购置的书，就有九千多册。他收藏的书，总是捆扎得井井有条。鲁迅一生清贫，最大的财产，就是他的这些宝贵的藏书了。

老师发现孩子们听得都很投入，时而还会随着故事的情节做出相应的表情。听完故事后，老师抓住重点进行提问："鲁迅小时候是怎样爱护书籍的？"孩子们你一言我一语地回答，显然是听懂了故事。

这时，老师又趁热打铁："小朋友，你们知道鲁迅为什么在看书时，总是看看手指脏不脏，脏手决不翻书吗？"

同学小丁回答："因为脏手会把书弄脏呀，书就不干净了。"

小宇同学补充道："弄脏的书，自己看着不舒服，如果别人问他借去看，一看书封面，书页是脏旧的，也会觉得他不爱惜书籍呀。"

"孩子们，你们说得都对！"老师高兴地肯定了同学们的答案，接着说，"我们爱一本书，就应该温柔细致地对待它。看书前后都要洗手，这不仅是一种习惯，更是一种美德。我们不仅需要美味的食物营养，也离不开知识的养分。"

看着孩子们正聚精会神地看着自己，老师摊开双手，让孩子们学着样子做："小朋友，你们仔细看看自己的小手干净吗？"

"干净呀！"

"是吗？"老师笑着说，"我们手上可有成千上万肉眼看不见的细菌存在呢，书上也有。当我们如饥似渴地享用精神食粮时，可曾想到，那些肉眼看不见的病菌，不声不响地传染到你的身体中，特别是有些小朋友还喜欢用指头蘸着口水去翻书，这危险性就更大了。"

"哎呀……太恐怖了！"孩子们七嘴八舌地议论纷纷，"老师，我知道了，我们看书前要洗手，看书后也要洗手。"

"老师老师，我觉得我们班级里要贴一张小贴士：天天要看书，天天勤洗手。"

"孩子们，看前看后要洗手，既是让我们养成爱护书籍的好习惯，又是养成了良好的卫生习惯，真是一举两得！"哈哈哈哈……

午餐过后，孩子要看书了。他们纷纷拿起小抹布擦完桌面，用洗净擦干的小手去书架那儿挑选自己喜欢的书籍看。老师的心里特别欣喜。

童园经典 12

归还书籍应该分类有序

小王同学有个坏毛病，喜欢乱放书籍，无论看好哪一本书都会往书架上随手一扔，有时还会在上面信手涂写，所以图书管理员每天都要围着他转，帮他收拾残局。

快放学了，图书管理员让大家还书，小王同学发现他借的书找不到了。"咦，《小王子》去哪儿了？我刚刚还看了呢！"忙乎了半天，还是没找到。

其实，何止是小王同学一个人不爱护书籍，时常有孩子愁眉苦脸地来诉苦："老师，这本书上的小动物没了。""这本书没有封面了！""这本书折角了，可昨天还是好好的呢！"……

看着整个书橱乱糟糟的，像一个垃圾堆，老师皱起了眉头。

为什么会这样呢？细细观察下来发现，孩子们对书籍是感兴趣的，看时投入，但归还却没有章法，连书被损坏也不当一回事。

新学期刚开始没多久，好习惯抓起来还是来得及的。

第一步，引导学生建立"喜欢它就更要珍惜它"的意识。老师问学生："孩子们，你们喜欢看书架上的书吗？""当然喜欢啦！""我也喜欢它们。看着它们静静地坐在我们教室后面的书架里，每本书都是一个精彩的故事，故事里的人物都有着不同的生活方式，使我们身临其境。你们是不是也和老师一样时常会把自己融入书中的角色中，体验下不一样的自己呢？"孩子们纷纷点头。"这些书籍是值得我们喜爱的。那么，孩子们，我们喜欢它就更要珍惜它。怎样才是珍惜它们呢？"

"对书籍不能乱涂乱画。""不能乱放乱扔。""自己喜欢的书要保持整洁。"……

"老师刚才听到这么多小朋友说出了珍惜书籍的好方法，真为你们感到高兴！其中，有一位小朋友说不能乱放乱扔书籍，对！这也叫物归原处。'物归原处'这个要求看似简单，但是不能坚持的话，我们是不容易做到的。接下来的日子里，请大家互相督促，一起来爱惜书本，让书籍物归原处好吗？"

"好！"

第二步，指导学生整理书橱。说干就干，一天午餐后，老师请了几位同学一起帮忙。我们先把书从书橱里全部搬出来。低柜上放不下，放在教室地板上，顿时教室后成了书的海洋。孩子们叫道："哇，好多书呀！"老师也有点头皮发麻，这要从哪儿开始，怎么整理呢？最终，我们的理智战胜了懒惰，继续"战斗"下去吧。

于是老师指挥孩子们把书一本本进行有序分类：漫画类、科技类、故事类，把这些书分类堆放。又让几位同学分别将便利贴贴在每本书的书脊下方，另请三位同学用水笔依次写上类别号，如漫画类就是M1、M2，科技类就是K1、K2等。老师也用便利贴贴好书橱的隔层，然后再把相应的书按照从高到低的顺序一本本放进去，每本书终于又回到自己的家了。书橱既干净又整洁，想找的书一目了然。看着大家脸上豆大的汗珠"滴答滴答"往下掉,可我们一点儿也没觉得辛苦,仿佛那一本本书正咧着嘴朝我们笑呢!

第三步,班级成立"爱书志愿者"队伍。"爱书志愿者"顾名思义,是爱阅读、爱惜书的人。班级里先自愿报名选拔了两位爱书护书的同学,担任一星期的"爱书志愿者"。每天中午12点15分,这两位志愿者的身影便出现在班级书架前,等候同学们的到来。他们已经事先从橱里搬出了不同种类的近40本书籍供同学们挑选,对待这些书籍,志愿者们可是把它们当成心肝宝贝呢。这时,一大群孩子走到教室低柜前要拿书看了,志愿者们开始维持起秩序来:"别急别急,排队一个个来!""谁抢书,就让他最后一个看!""看书时,你不能折书啊!""你手洗了吗?桌子擦干净了吗?""你们两个看一本书可以,但千万不要抢来抢去哟,这样书会疼的。"……学生自我管理,自我教育,效果出奇的好!

借书安静了,还书有序了,这功劳当然得归功于爱书志愿者咯。奖励给志愿者的就是可以在班级书橱里挑一本喜欢的书带回家看,借阅时间为一星期。

此后,爱书志愿者每周通过毛遂自荐产生。他们每天中午要选书、拿书、管理,放学前要收书、理书。这项工作让每一位爱书志愿者付出不少,但同时也让他们获得了精神上的满足,他们是快乐的。

童园经典 13

损坏书籍应该及时修补

图书是孩子们最好的伙伴,在我们教室的图书角里摆满了孩子们爱看的《开心数学故事》《自己动手小机灵》《妙想科学》等书籍。远远看起来图书都是整整齐齐的，可是走近一看，好多的图书已经"变了模样"。是孩子们不爱护图书吗？还是有人捣乱故意撕坏了图书呢？

一天，有两个学生告状："陈老师，小远同学把书弄破了。""老师，小杰同学也把书撕破了。"……午饭后，不时有学生到老师这边来"告状"。近几天，频频有书被撕破掉页的状况发生。针对这种现象老师仔细地观察了午餐后学生到底是怎么看书的。

这天中午，孩子们开始在书架上借阅图书了。只见，小远同学手里拿着两本图书，还和旁边的小李玩闹，不一会儿，图书就有点掉页的迹象了。小梦同学拿着书在一边翻看着，小杰同学走过来嘴里说着什么，接着要拿小梦同学手上的书。小梦同学当然不乐意，两人争抢起来，一来二去，这本图书的封面就掉了下来。

看到这里，老师的火气就油然而生，但还是忍了回去，觉得作为老师应当引导学生更好地养成读书习惯，而不是批评。于是，老师让孩子们都抬头看自己："我给大家读个故事好不好？"老师故意选了本被学生撕坏的图书给他们讲：山谷里有三个饲养场场主，他们名字是博吉斯、邦斯和比恩。博吉斯是养鸡场的场主，邦斯是鸭鹅饲养场的场主，比恩是火鸡饲养场和苹果园的主人。在山谷的树洞里住着狐狸先生一家，狐狸先生从他们三家拿走任何东西，他们就会气得发疯。他们憎恨狐狸先生，决定把他全家除掉。于是，这三个人拿着枪，悄悄躲在狐狸住的那个洞的外边和狐狸之间展开了殊死战斗……同学们安静地沉浸在故事中……老师戛然而止，学生们都很着急，老师无奈地对他们说书被谁撕坏了，后面的内容丢失了呀。还有好多惊险有趣的故事，我们今天没法知晓了。

看着孩子们略显失望又若有所思的表情时，老师又趁热打铁："小朋友，一本好书就是一位好朋友。对待这些好朋友，我们当然要好好珍惜，好好爱护，是吗？"说完，老师走到书橱前，把那些损坏的图书从橱里找出来，"来，我们一起给受伤的图书治病好吗？"

老师带领孩子们一页页地整理修补图书了。就这样，在负疚的心情下，孩子们立即拿起胶水，三个一群，五个一组小心翼翼地一本一本修补受伤的书籍，并且认真小心地看起书来。

爱护图书的教育在孩子们心中留下了深刻的印象，损坏图书的现象逐日减少了。他们一旦发现有图书破损时，就会自觉地修补，还逐渐养成了良好的看书习惯，看书时看完一本再拿一本，不再和别人抢图书，老师悬着的心终于放下了。

童老师的话

——播种好习惯

记得英国哲人威廉·詹姆斯曾说过：播下一种行为，收获一种习惯；播下一种习惯，收获一种性格。老师要选取适合低年级学生的教育方式，潜移默化地把好习惯播种下去，一起努力，一起坚持，终会有收获。

妙招集纳 2

爱护图书的比和赛

子曰："三人行，必有我师焉；择其善者而从之，其不善者而改之。"可见伙伴的存在，就是一种生命力量。特别是对于成长中的儿童来说，伙伴力量更是不可或缺的。

为了让学生从小养成爱护书籍的好习惯，除了教会他们爱护书籍的方法，班级里还经常举行爱书护书的小型比赛，伙伴间比一比，赛一赛，以此促进同学们的成长。

童园经典 14

伙伴之间比一比赛一赛

孩子们争当护书小使者

"争当护书小使者"活动是以主题班会形式开展的。首先，小班长带领班干部向全班同学发出了护书活动的倡议书：

1. 不在书上涂改、圈点、做答案，不剪裁、不撕页。
2. 养成使用书签的习惯，不折书、折页。
3. 爱护图书，尊重知识；保护图书，崇尚文明。
4. 除了知识，什么也别带走；除了指纹，什么也别留下。

目的是要求每一位同学要像爱护自己的眼睛一样爱护书籍，做一名文明读者和护书者。

然后，各小组以不同的表演形式来表达爱护书籍的决心。第一小组讲了三位名人爱书的故事，第二小组带领大家做了个"我演你猜"的护书游戏，第三小组向大家朗诵了"名人眼中的书籍"相关名人名言。

活动精彩部分就是第四小组为同学们展示的"我为新书穿衣裳"的包书活动。他们上台展示自己亲手为新书设计的新书皮，告诉同学们，为自己心爱的书籍亲手设计一款书皮是一件多么开心的事情。

小敏同学为美术书设计了自己亲手绘制的精美图画书皮，小莫同学为语文书设计出了写有漂亮汉字的书皮，小青同学为数学书设计出了写有变形数字的书皮，等等。随后又带领着全班同学一起参与"我为新书穿衣裳"的包书活动。孩子们手里拿的包书纸的原材料其实是彩色塑料纸、废弃广告纸、牛皮纸等。他们热情高涨、积极参与，不一会儿工夫，原先废弃的物品变成了一张张漂亮的书皮，将自己的课本变成有独特个性的创意作品。

他们手绘的书皮有的充满了天马行空的想象，有的则记录了自己阅读生活的点滴，有的"脑洞"大开，向大家展示了专业插画的潜力，有的学生把用来装饰的墙纸做成书皮，还有的学生把环保袋做成书皮，让书不仅仅可以拿着，还可以提着……

活动到了尾声，同学们就这堂主题班会，结合自己之前的行为谈谈自己活动后的收获和感悟。同学们还在卡纸上亲笔签下自己的名字，保证自己今后能够做到爱护书籍，并保证他们能够把班级书籍完好无缺地交给下一届同学。

此次活动的开展，让学生幸福地与书籍相伴。书皮的创意设计既是孩子们童心的绽放，又是引导他们进行阅读与学习的有效途径，更能成为校园文化中一道亮丽的风景线。

董老师的话

——爱书的美丽

　　书籍是人类开启智慧之门的钥匙，是我们的良师益友。读书不仅能给我们带来知识，还能教给我们做人的道理。培养学生养成爱护书籍的好习惯，那么，只要书是美丽的，孩子们会越来越美丽。

金点子 ⑦

专心阅读的习惯

  小学阶段，老师指导学生进行课外阅读的出发点和着眼点应在于引导学生体验阅读的快乐，逐步养成专心阅读的习惯。所谓专心，就是身心合一，聚精会神。要养成这一习惯，必须做到：阅读时字字过目，专心致志，边读边思。

妙招集纳 1

发现书中的资源

执教一年级的老师会发现,刚踏入小学校园,如同一张白纸般的小学生,识字不多,如果就给他们规定要读多少书,那样学生反而会失去阅读的兴趣。老师就要好好地引导他们读一些感兴趣的书籍,采取扎实而又多样的阅读方式来激发孩子们的阅读兴趣。同时也应了解学生感兴趣的和适合阅读的是哪些读物,做到心中有数,让他们尝到阅读的快乐。

童园经典 15

学习拼音中增加识字量

低年级学生的读物大多是拼音读物,因为他们识字量少,在读书时对拼音的依赖性就很强,有的同学干脆只看拼音不看文字,这样不利于学生对汉字的掌握。

聪明的老师们在学习拼音的过程中,相应渗透识字,既满足了孩子希望识字的需求,也可以在识字中有效地巩固拼音,还能帮助学生储备知识。例如,在教学音节 mǐ 时,老师让学生看看图上的大米和"米"字,告诉学生用音节 mǐ 可以给汉字"米"注音,在拼读音节时识字。

在学生拼读技能达到一定的程度之后，适当地选择一些儿歌、童谣、小故事等注音的阅读材料，引导孩子们进行阅读。

当然，在阅读前，老师要教会孩子们基本的阅读技巧和方法：书要按照从左到右，自上而下的顺序看；按页码顺序看；手指点字一个一个读，最好是反复诵读。一年级的学生识字少，缺少必要的知识和经验，读一两遍，也许弄不明白其中意思，读第一遍会享受一个有趣的故事，读第二遍会懂得一种认知的方法，读第三遍会完成一种动手的作品，读第四遍会掌握一种思考的窍门。多读了，意思搞清楚了，情感也领悟了。

记得老师带领孩子们阅读《一年级的小豌豆》和《一年级的小蜜瓜》这两本书，孩子们可喜欢了！书中的"小豌豆"和"小蜜瓜"就好像是刚升入一年级的女孩、男孩们自己。在这部有趣而可爱的幼童小说中，作者用活泼灵巧的语言，为我们呈现了一年级女生小豌豆、一年级男生小蜜瓜的心理成长和生活故事。尽管有那么多天真的麻烦、尴尬、不安和烦恼，但童年的成长是一件多么幸福、多么美妙的事情啊！

背着书包上学的第一天，碰到的第一个老师，交到的第一个朋友，遇到的第一次麻烦，经历的第一场考试……发生在两个主人公身上的事情也许正是发生在小读者身上的事情。孩子们对故事产生了共鸣，在书中找到了生活的影子，阅读的兴趣也就一下子提高了。

课堂上，孩子们在老师的引导下借助拼音，用手指指着一个个文字，认认真真、结结巴巴、旁若无人地大声朗读着故事，那样的情境是很诱人的，那才是孩子们最好的阅读状态。愿孩子们在这样的拼读情境中读通、读懂、收获、沉醉……拼音与文字相结合，水到渠成。

童园经典 16

看插图中增添阅读兴趣

低年级的阅读要求指出：学生能借助图画进行阅读。这是因为儿童读物大多有精美的插图，起着补充文字的作用，它既可以帮助学生认识事物、理解内容、丰富想象、增强语感，还可以增强学生的观察能力，因此要求学生阅读文字和观察插图相结合。

对于一年级学生，老师推荐孩子们阅读的是绘本。有些人认为，绘本都是图画，对于阅读能力的培养起不到很好的作用。其实不然，绘本阅读是以图片为主、文字为辅的儿童阅读方式。刚进入小学阶段的学生，识字量不大，独立拼读拼音的能力也不够熟练，阅读纯文字篇目是有困难的。而绘本的图片能够大大降低孩子们对于文字阅读的恐惧，让他们更愿意去阅读。

当然，绘本阅读并不是说随便看看就可以的，我们应该注重培养孩子们的语言文字运用能力，设置一些小目标，让孩子们有目的性阅读。

阅读课上，老师正带领孩子们在阅读《爷爷一定有办法》这本绘本。故事中的约瑟住在一个犹太人的小村庄里，从小就和爷爷建立起深厚的情感。爷爷为约瑟做的毯子，即使旧了、破了，约瑟也舍不得丢，他相信爷爷总是有办法把旧的东西变成新的东西。

老师发现小朋友很专注，双眼紧紧地盯着书瞧，随着故事的推进，在外套变成了奇妙的小背心时，他们又露出了敬佩的神情。当看到小背心变成了奇妙的蓝色领带时，他们都瞪大了眼睛仔细地看着插图。接着，爷爷又变出了一块奇妙的手帕时，有个孩子情不自禁地说:"哇,好像在变魔术噢!"孩子们一副陶醉的神情,仿佛置身于故事情景中。

当孩子们看到"翻过来,又翻过去,用剪刀咯吱咯吱地剪,又用针飞快地缝进缝出,缝进缝出"时,孩子们便轻声读出声音来:"翻过来,又翻过去,咯吱咯吱,咯吱咯吱,缝进缝出,缝进缝出",手也不由自主地做起了动作。教室里的氛围非常快乐。此时,《爷爷一定有办法》显然不只是一本绘本书,而是一首美妙的乐曲,这种节奏感俨然是在合唱一首童谣似的,让人感到满心的喜悦。

孩子们深深地被这本书所吸引,他们读出了每一个情节转折处的惊喜之感,又感受到爷爷和约瑟间深厚的情感。同时通过仔细观察,发现绘本的精妙之处还在于每一页都描绘出地下的老鼠一家真的太可爱了,伴随着约翰的成长,每次爷爷修剪衣服剩下的零碎布角,都被老鼠一家搜集起来当成了家用,变成了一个华丽的温馨的鼠家,好有爱的画面呀!

文字与插图相结合的阅读趣味性很强,仿佛是"每一个转弯抹角就有一段故事",能激起人无穷无尽的联想。

童老师的话

——发挥想象力

让孩子们捧起书来,在学习之余,留一点时间给阅读。老师尽量挑选一些简单的、故事短小的图书,选一些图案色彩亮丽的图书,选一些故事情节有趣的图书,选一些语句朗朗上口的图书,还适当选择一些科学类、智力类和幻想类的图书,以满足孩子们想象力的发挥。而且它们大部分是全文注音,为指导学生阅读提供了良好的条件。

妙招集纳 2

增智的以情促读

在学生的情感世界中,真、善、美是他们向往的,因而学生在阅读一些美文片段或温馨画面的文章时,大多能很快进入意境,几遍读下来,学生的情感就被调动起来。在教师的引导下,学生在丰富的语言环境中激发的真情,是他们向往真、善、美的表现。

童园经典 17

老师引导推荐优秀读物

俄罗斯作家波罗果夫说:"书,就是社会,一本好书,就是一个好的社会,它能陶冶人的感情和气质,使人高尚。"对于低年级的小学生来说,他们辨别是非美丑的能力还没有形成,哪些书该读,哪些书不该读,自己还不能鉴别。因此,他们的读物主要靠老师和家长的推荐。

据有关调查资料显示,小学低年级儿童对下列读物感兴趣:篇幅短小的寓言、成语和童话故事;充满神奇想象的幻想性题材故事;简单的传记和历史故事;字句活泼,内容变化大的读物,如儿歌、童谣、古诗等;介绍自然界、动物界的儿童读物;介绍不同生活形态和自然环境的儿童读物。

老师认为，只有学生选择自己感兴趣的读物，他们才能深入地理解读物的内容。学校、老师、家长应该本着"取其精华，去其糟粕"的宗旨，有针对性地给孩子推荐适合他们年龄特征的读本。比如，表现"自信与乐观"精神的《了不起的狐狸爸爸》，像孩子一样快乐的《小猪唏哩呼噜》，珍惜、感恩、温暖的《猜猜我有多爱你》，用心寻找《小王子》，天真快乐的《爱丽丝漫游奇境》，为名誉而战的《舒克和贝塔历险记》……这些书无论是知识性、趣味性、可读性都足够启迪孩子们的心智。

特别是一年级的学生，因为他们的识字量少，思维形象比较直观。老师在推荐书时，特地选择一些经典绘本。这样的书，图文并茂，情趣生动，浅显易懂，容易激发孩子们的读书兴趣和热情。

老师在向孩子们推荐好书时，讲故事是最常用的方式，可以激发学生阅读的兴趣。

有一次，老师在讲《乌鸦喝水》这个故事时，学生都不约而同地评价文中的乌鸦很爱劳动很聪明。接着老师便抓紧契机，又拿起另一本书，给他们讲了个《狐狸和乌鸦》的故事。"从前有一只乌鸦和一只狐狸共同生活在森林里。一天，乌鸦找到一块肉，叼在嘴里，准备给她的孩子吃。这时，狐狸说：'你的歌声最动听，谁都没有你唱得好，你就唱几句吧！'乌鸦……"正当学生听得津津有味，期待结局之际，老师戛然而止。"究竟乌鸦有没有上当呢？狐狸能否吃到肉呢？你们想知道吗？"老师举起手中的《小学生最爱读的一百个经典故事》，"结果就藏在这本书中呢！这本书里面还有更精彩的故事，下课后同学们可以向老师借阅这本书，回家也可以叫爸爸妈妈去图书馆借，或者买一本收藏着。"

学生霎时都被激起兴趣，纷纷要求借书，有的果然去把书买回来了。第二天，很多学生争着向老师讲述故事的结局。可见，孩子们遇到自己感兴趣的书籍，便像刚刚启航的小船，用清澈的眼神，张望着这个未知的世界，渴望生命的成长。这些小小的故事，陪伴他们度过了一天又一天，达到了"我要读"的效果。

这些书籍学校图书馆都很容易找到。为了体现自主性，尊重孩子们的个性和兴趣爱好，我们每周会有一个固定时间把学生带到阅览室，让他们自己去选择和阅读。此外，教室后面的漂亮大书橱，每天向爱读书的孩子们敞开怀抱。

孩子们读《卖火柴的小女孩》时，会情不自禁地掉下眼泪，他们的眼睛里闪烁着对小女孩同情而悲伤的泪光。

后来，他们读《小皮球的奇遇》，获得了积极向上、助人为乐的思想。

再后来，他们读《夏洛的网》，他们明白了夏洛的网就是给我们人类编织的一张大网，那上面绣着一个日月同辉的大字：爱！

渐渐地，孩子们在故事中知道了天鹅王子雪白而圣洁的翅膀；知道了令人发笑的皇帝；知道了顽强而坚韧的丑小鸭，他们明白了不管现在有多么丑陋，只要你去努力，总有一天会变成美丽的白天鹅。这样的信念给了孩子很多美好的憧憬。老师欣慰地憧憬，将来孩子们一定会有很多力量来面对成长中的困难、挫折和烦恼。

这些日子里，书中那些正直、机智、善良、勇敢、坚韧的人物成了孩子成长的导航灯。他们学会了欣赏别人，关心他人。他们的心胸变得宽广，内心充满了友善。每到这时，老师都会想，孩子们终有一天会长成参天大树，爆发出惊人的美丽。

童园经典 18

师生共读一本书享快乐

俗话说:"冰冻三尺,非一日之寒;水滴石穿,非一日之功。"孩子像小树一般,需要老师的精心培育。阅读能滋养孩子的心灵,需要老师细心地陪伴。每天,老师抽些时间带着孩子们在书海中蹒跚而行,是孩子们最快乐的时光。

我们一起读《一去二三里》这一诗歌时,先让孩子们读一读这首脍炙人口的数字诗,然后让孩子们说一说:这幅图上画的是什么地方,都有哪些景色?两个孩子看到了什么,在说什么?

孩子们有了兴趣,有的说,看山上有六七座亭台,可能是让过路人休息的;有的说,山下还有四五个人家,烟囱里冒出来的烟都把村子笼罩起来了;有的说,这两个孩子可能在说,好美的景色……

这样,把学生带入文章的情境中,使学生由"局外人"变成"局内人",体会到了小山村的美丽。这时,再让学生读一读这首诗,学生读得很投入,读出了孩子们看到美景时高兴的心情。

又如,在阅读课上,我们一起阅读《爱的教育》片段后,老师微笑着说:"有人说,爱是一缕温暖的阳光;有人说,爱是一阵及时的雨露;有人说爱是一把打开心扉的钥匙。小朋友们,你心中的爱到底是什么?"

学生们纷纷表达自己心中的爱:爱,像空气,每天在我们身边,关心保护着我们;我们一有咳嗽,药片就摆放在眼前,临睡前不忘再看一眼我们的是父母的爱;爱是我们需要张开双臂拥抱才能深深感受到的；当我们陷入困境时，同学伸出双手支持安慰我；爱是当我做作业时，父母陪在身边，晚上不忘叮嘱一句：早点睡。……

"读了安利柯的故事，老师也认识到天下父母都有一颗深爱子女的心。安利柯有本与父母共同读写的日记。在《爱的教育》中，把爱比成了很多东西，确是这样，又不仅仅是这些。我想'爱是什么'不会有明确的答案，但我们已经开始了对于爱的思考——爱是博大的，无穷的，伟大的。"

老师继续引导："在这些人物中，我最佩服的是来自意大利的12岁男孩，叫马里奥。因为他在游轮即将沉没的一刹那，把生的希望让给了小女孩，而他被无情的海水吞没了。你最佩服谁？为什么？"

孩子们又沉浸在书中，去寻找想表达的答案和理由。过了5分钟，老师邀请孩子们大胆地表达：

我最佩服《父亲的先生》一文中的父亲。描写了父亲带着作者去看望教了六十年书、已经离开学校的八十四岁先生的事情。其中父亲在回忆儿时学校里和老师间点点滴滴的故事时有这么一个片段：父亲的老师对他说："因为你做了不好的行为，我要狠狠地教训你一顿。"当时父亲以为是老师虐待自己很不高兴，可是长大了以后才明白，原来老师教训他是对他的爱，就因为老师当时教训了父亲，让他改掉了坏习惯成为有用的人……

我最佩服恩里科的父亲，他教会了我做大事要从小事做起，从身边做起。

在《爱的教育》一书中，让我感受最深的是那篇《我的同学柯莱蒂》的故事。它讲的是柯莱蒂因生活所迫从小就帮着爸爸干活，很少有学习的时间，可他的学习成绩依然是那么好。那是因为他十分珍爱时间，充分地利用时间，他经常一边干活一边认真学习。

老师深情地对着孩子们说："这一个个故事深深地打动了我们。多少次，我们一边阅读，一边流下了感动的泪水。老师想把觉得最感动的片段和大家一起分享。来，让我们一起读一读。"

《爱的教育》这本书是想分享给孩子们用一颗宽容的、真诚的、进取的、善良的心去爱祖国、爱家人、爱老师、爱同学、爱弱小。我们在爱中受到教育，相信只要人人都献出一点爱，世界将变成美好的人间！

每次，当我们看到学生们沉浸在阅读的喜悦中，目光炯炯、神采飞扬时，就会感受到阅读对学生心灵的呵护，精神的滋养已如春雨润物细无声。

童园经典 19

阅读在感悟中获得认知

阅读的习惯主要就是乐意阅读、有效阅读、享受阅读。如今，我班的学生有的阅读量已达到 20 多万字了，这个数字对于才读二年级的小学生来说，可是了不起的啦！他们读过的书有《安徒生童话》《格林童话》《骑鹅旅行记》《洋葱头历险记》《木偶奇遇记》、少儿版《聊斋志异》、少儿版《童年》《在人间》《我的大学》《钢铁是怎样炼成的》……

对于已经有一定的识字量和阅读基础的学生来说，他们不必再独自徘徊于画页之间，而是在老师的引领陪伴下，享受着自主阅读的乐趣。他们有了自己对阅读的认识。

在与孩子的阅读交流中，老师尝试着让他们用一两句话写出自己对阅读的感受。可以写在文章课题旁，可以写在书的扉页上，可以写在笔记本上。

这是孩子们第一次握笔写书评，于是像模像样地写下了最初的读书体会：

《它们怎么来的》真好看！不看不知道，一看全明白。

《要是你给老鼠吃饼干》里的小老鼠真淘气！可是我很爱它，那个小老鼠多像我自己呀！

《儿童百科》使我的脑子更聪明。

《海的女儿》让世界充满了爱。

《猜猜我有多爱你》里的母爱怎么也猜不透，因为妈妈的爱是无法猜透的，它比天大，比海深。

读了《丑小鸭》这个故事，我认识了安徒生，知道他是丹麦人，写了很多很多小朋友爱读的故事。

《小猫钓鱼》使我知道了做事不能三心二意，否则一事无成。

《人体大历险》是一本非常有趣的书，它使我知道了人体内的许多器官，还知道了它们在人体内都是非常重要的。

仁、义、礼、智、信，是我读了《三字经》以后明白的。

我喜欢《西游记》里面的孙悟空，因为他是个勇敢的男子汉，保护唐僧到西天取经，除掉了许多妖怪。

他们写的也许还不能算真正的书评，但是书因此越来越贴近孩子的心灵。他们在每天的阅读中，体味着不同于成人世界的智慧与美好。

童老师的话

——情感的桥梁

要努力使阅读充满无拘无束的气氛，使孩子们和老师都能够自由呼吸。我想，老师最应该做的就是在书籍和学生之间，架起一座情感的桥梁，在极其自然的情感交流中，引导学生去发掘书中的感人之处，去感受作者的思想，积累语言材料，更有助于学生达到融会贯通、豁然开朗的意境。

妙招集纳 3

探究的以思促读

一个好故事，它总会对生活中最敏感的难题做出简洁、准确的揭示。"经验丰富的人读书用两只眼睛，一只眼睛看纸上的话，一只眼睛看纸的背面。"读书并不是简单地把书本上的文字读出来就可以了，而是更需要我们老师进一步引导学生全身心地沉浸于文本，浸染于语境中，才能知其意，识其趣，悟其神。

童园经典 20

用心读懂定格中的画面

在一个温暖的午后，老师和学生们一起阅读希尔弗斯坦的书——《爱心树》。

这是一本图画和文字都很简单的图画书，图画是黑白色系，只有一棵苹果树和一个小男孩，文字也很简洁，但它讲述了一段深沉的爱，一种无私的给予和奉献，大树的那一颗博大、无私的爱心让我们深深震撼。

刚刚升入二年级的孩子还小,他们能否细细体味蕴藏在其间的爱的哲理呢?老师抱着试试看的心情和他们一起读起了这个故事:

从前有一棵大树,它喜欢上一个男孩儿。男孩儿每天会跑到树下采集树叶,给自己做王冠,想象自己就是森林之王……

读着读着,孩子们那稚气的童音和着简单的韵文就像在唱着一首真情而朴实的歌曲,图画书中的每一个文字如同会舞动的诗句,字字句句打入孩子们的心。

"这真是一本让你阅读时很快,思索时却很长的图画书。"老师看着学生们说,"爱心树对待小男孩儿的每一个时间段都会让人不胜感慨。"

老师让学生依次按照小男孩从小到老,不断索取大树的生活历程排排序。学生们很快排好了序列,然后老师又让他们以故事接龙形式根据先后顺序回顾这一个刻骨铭心的故事,孩子们一个个接着回顾故事。这种简单而有趣的排列,既让孩子明白了什么是文章的谋篇布局,又让孩子在回顾中对文本的内容丝丝入扣、步步深入。

听,孩子们开始提出不满的质疑:

老师,这个小男孩越来越贪婪,他怎么这样残忍呢?

老师,我读了这本书以后,怎么会感到一种说不出的难受呢?

爱心树很爱男孩子,不求回报,她这种爱是爱吗?

爱心树看见小男孩有困难就会伸出帮助的手,而小男孩却很自私,他应该靠自己的力量战胜困难才对呀!

……

随着孩子们的声声质疑,老师把图画书的解读又引向更深层次的探讨。老师把故事更定格在这样一个画面:一位老人,一个树墩。黑白线条的画面,没有背景,没有文字,只有很大的空白。一瞬间,在这很大的空白处弥漫着忧伤与悲凉。

这幅定格的画面也深深地打动了孩子们,孩子们的神情也在这画面中不能自拔,他们在试图读懂这幅画。

我请孩子们把这幅定格的画面写出来,一些学生在"默读静思"中有了一些感悟:

男孩老了,坐在树墩上,感到很难受,这棵树曾经高大粗壮,曾经开满鲜花,曾经挂满苹果,可是现在只剩下了矮矮的树墩。

男孩轻轻地抚摸着残老的树墩,讲出了自己的悔恨,给它讲自己的故事,给它讲外面的世界,大树感到一股温暖笼罩着它。

日子一天天过去,男孩和树墩形影不离,他要用自己的爱心让这棵树渐渐抽出枝条,长得枝繁叶茂,而且结出世界上最美丽的果实!

说实话,这些文字让老师实实在在地感受到了孩子们对它的真切解读,用心体悟,倾听文本发出的细微声响。然后他们逐层深入地解读,并力争用自己的语言表达出来。

这种让学生穿行在多重话语之间的阅读似一种无声的启示,缓缓地将孩子们的整个生命融进了这浓浓的对生活的感悟中,这让老师好舒心。

童园经典 21

在反复阅读中学会思考

我们看书不仅要一页一页地读,而且会一次一次地欣赏与玩味。那么,反复阅读给孩子们带来的是什么呢?是孩子身心的愉悦,是思维能力的提升,艺术审美的感知,还是……学生只有经过反复阅读，反复思考，才能发现问题，提出问题，从而逐步培养学生自主探究、主动学习的习惯。

又是一节阅读课。老师走上讲台，看着孩子们满脸期待地等待看书，便微笑着说："小朋友，这节课我们先不忙着看书。我要先了解一下，你们看书一般是看几遍的？"大部分小朋友说是只看一遍。

"只看一遍呀，那真可惜！你们知道吗？反复看，其实很有趣的。有一位大学问家曾经说过：读第一遍时会享受一个有趣的故事，读第二遍时会懂得一种认知的方法，读第三遍时会掌握一种思考的窍门。多读了，意思搞清楚了，情感也领悟了。"他们竖起小耳朵，一脸的惊诧。

"你们还记得吗？《月亮，生日快乐》这本书，老师带你们反反复复地看了好几遍，第一遍让你们享受一个有趣的故事，第二遍会让你们说说印象最深刻的画面，第三遍是让你们知道了故事的先后顺序，懂得无论是说话还是写话都要按顺序进行，还有第四遍呢？"

"第四遍是我们也做了爱心小天使，自己画了献给月亮的礼物，还写下了对月亮说的话！"

"瞧，这样一遍遍地读，我们不仅会记住故事的内容，而且还会使我们的感情更丰富，因为我们纯洁的童心更容易和大作家产生共鸣了！"孩子们点头，欣然接受了我的提议。

打这以后，他们开始尝试着进行反复阅读——重新阅读故事。他们不仅会一页一页地读下去，而且会一次次地欣赏与品味。反复阅读把愉快和乐趣带给他们的同时，把一种无可估量的东西也带进了孩子们的精神世界。这巨大的东西是什么？可能是孩子身心的愉悦，可能是思维的能力，可能是无限的想象能力……

童园经典 22

互动阅读中分享新发现

比——丰富多彩的读书小竞赛

每周三的午间阅读小组活动是孩子们最高兴的时刻，各项丰富多彩的读书活动正在激烈地进行着。在这里，孩子们各显神通，大显身手，争做"朗读小明星"。

看，朗读比赛现场，小选手们个个镇定地走上讲台，在悠扬舒缓的配乐声中，朗诵着自己从书中收集的短小诗歌，经典美文，那架势真不亚于专业主持人，一篇篇优美短小的美文和诗歌把孩子们带入了神圣的文学殿堂。

"知识竞赛"专场气氛紧张，小选手们各自端坐在主席台两旁，认真听着"主考官"的命题，不时地举手抢答。别看他们小小年纪，上自天文，下至地理，他们都能回答出个一二，引来场下观众的阵阵掌声。

比起"知识竞赛"专场，"笑话大赛"可就轻松多了，只见台上的小演员幽默诙谐的语言，滑稽夸张的肢体惹得同学们一阵阵哄笑。

一批批"朗读小明星"诞生了，王彦冉、阚衍、陈欣宜等同学带动一大批爱好朗读的同学，同学们纷纷爱上了朗读。丰富多彩的比赛犹如一剂催化剂，使孩子们对阅读的认识有了质的变化，不经意间提高了孩子们阅读兴趣，也促使他们天天阅读，时时阅读，这对提高他们的读写能力和口头表达能力有了很大的帮助。

画——画出另一本绘本

孩子们看完绘本《小蓝和小黄》后，他们想象的翅膀开始展开，准备飞翔了。这不，在小组读书活动时，他们要给小圆点找朋友了。

小组长明明同学说，我们给圆添一笔，然后编一个有趣的故事，好吗？好呀好呀，肯定很有意思！

组员小丁同学得意地说："现在我要给圆添一根歪歪扭扭的线条，它就变成了一个气球，飞呀飞呀，飞上了蓝天，带去了我的梦想。"

此时，其他组员都睁大了眼睛，忽然间小丁同学成了他们心中的魔法师了。不一会儿，小王同学说："夏天，我最喜欢吃的就是冰激凌了，看我把圆变成了什么？""冰激凌！小王你真棒！"小组成员纷纷摩拳擦掌，他们也要展示自己的才华。眨眼间，圆在孩子们的手中变成了小鱼、雨伞、山脉、荷叶、圣诞帽……

看着这些如雨后春笋般冒出来的图形，孩子们开心地笑了。老师及时鼓励孩子们把看见图形想到的语言用文字表达出来，孩子们连声叫好，毫不犹豫地拿起笔：

圆在生活中无处不在，只要加上一笔就可以变成另一样东西。

我为它加上了神奇的一笔，哈！它变成了一个冰凉可口的冰激凌。夏天，我最喜欢吃的就是冰激凌了，因为它非常爽口，咬上一口，它就在嘴巴里溶化，好吃极了！

我为它加上一笔，它就变成了一把雨伞。下雨了，它为我遮风挡雨；太阳出来了，又为我遮去强烈的阳光，多好啊！

我为圆加上了一笔，嘿！它变成了一条小鱼，在清澈宁静的池水里快乐地游啊游。

我为圆加上一笔，它变成了一把勺子，它能把香喷喷的饭菜送到我的嘴巴里，太好了！

……

孩子们画得写得不亦乐乎，虽然有些画看起来有点滑稽，却是如此生动，想象大胆，构思巧妙。老师把所有学生的作品都贴在黑板上，对孩子们说："你们看，我们把大家创作的作品合在一起，就做成了我们班级的图画书了!"孩子们高兴得欢呼雀跃:"我们有自己的图画书了!我们有自己的图画书了!"看着孩子们这么高兴,老师心里也是充实的。

其实仔细想想,从阅读一本图画书入手,让孩子们学学书中语言,说说自己的感受,写写心里的想法,画画想象中的内容,孩子们自己的图画书就这样诞生了。这种看似简单的阅读方法恰恰给孩子们带来无限的乐趣呢!

演——走进童话世界

"今天,在这个特别的日子里,童园小学一(5)班全体师生和各位家长相聚在一起,共同庆祝'六一国际儿童节'的到来。我们要用最精彩的童话剧表演为我们自己的节日增光添彩!"这是一(5)班的两位小主持在"走进童话世界"六一庆祝活动上的一段开场白。

老师欣喜而又激动地看着班上35名孩子稚嫩但又投入的演出,心里激动的是孩子们表现十分出色,成功地完成了这次童话剧的表演。

记得当老师手里拿到那张"文化滋养丝路行——走进童话世界"活动方案时,心里是忐忑的,如何把这个表演课本剧的活动在一年级学生身上开展出满意的效果呢?

首先,老师在课堂教学中开始为童话剧的编排打下伏笔。童话剧的初衷就是帮助学生理解和运用语言文字,那大家就应该静下心来认真阅读童话书,读通读懂班级的所选书目:汤素兰的作品《笨狼的故事》。于是在阅读课上,在每天早晨,老师带着孩子们一起静静地坐下来阅读,学生在读书,老师也在读书。我们喜欢这样的形式,既简单又能培养学生养成静心阅读的好习惯,它就像拾麦穗一样,可以让孩子们在晨曦中通过每天一读、每天一悟,逐步理解和运用语言文字。

通读一遍故事后，老师就引导孩子们说："小朋友们，我们除了用眼睛去阅读书本以外，我们还可以用什么形式来读故事呢？"聪明的学生们眨巴着眼睛，炸开了锅。有的说："我会用耳朵听。"边说边做出倾听的样子说，"你们听，小鸟在歌唱，小花笑了……"有的说："我会用鼻子闻。"特地皱起她的小鼻子开始四处闻，"我闻到了香喷喷的比萨味啦！还有青草头发的青草味道呢！"

有的说："我可以用声音啊！"学生们纷纷开始模仿故事中的各种声音，让音调有了变化，不同角色用不同的声音和表情来表现。有的说："我也会用动作讲故事。"他们马上在位子上做起了和书中角色有关的动作手势。

哈哈……这群可爱的学生用不同的方式去感受书中所描述的比萨、青草头发、比萨斜塔……就着原有的故事情节为材料，融入自己的语言互相讲故事。他们有时还对书中片段添油加醋或简化，孩子有兴趣的部分就加以发挥；冗长的部分就删除，这种阅读形式让孩子能用心体验、动手操作、口语表达、肢体表演等，吸引孩子爱上阅读。

经过了近一个月的通读精读，我们开始分组成立童话剧表演小组了。对于一年级的孩子来说，童话剧表演并不是件简单的任务，而且是人人参与。于是，老师一组一组地帮助孩子们选择一个合适的故事，让孩子自己进行编创，家长们则在旁边协助。完成这一步骤，是一件非常快乐的事。孩子们在每一次的编演中，都有所收获，他们渐渐懂得怎样处理文本与实践的关系，也学会了创新，不再是一味地根据文本进行演绎。

但是在排练过程中，我们又发现了一个问题。《笨狼的故事》是由一个个小故事组成，每个故事里的重要角色都会有7到8个，甚至更多，人物对话又比较琐碎，而每个表演小组组员却只有5人，这样就造成每个人要演2到3个角色，别说服装道具的更替，就是学生自己上上下下的角色转换都显得忙乱不堪。

我们又一次地进行了讨论。老师："怎么办呢？孩子们！这样的演出效果估计是不会太令人满意的。我们得想想办法才行呀！"学生回答："老师，要不我们把组合并一下，并成三组，这样角色分配就好办了。""这也是一种办法。但是这样一合并，童话剧的节目就只有三个可看了，太少了吧。""那怎么办？有了！老师，我们可不可以把故事里一些不重要的角色删掉，只留五个人演的角色呢？""对呀对呀，把故事内容分到五个角色头上，每个人只要重点准备一个角色就行了。"同伴赞同道，"我们肯定演得好！"老师微笑着点头："这真是个好办法！"大家鼓掌通过。

于是，老师和孩子们一起再次对故事内容和人物进行删减和整合。重新编排后的童话剧重点人物突出了，条理更清晰，小朋友排起来顺畅多了。这是老师感到最为欣慰的。

"六一"那天，在家长的协助下，一（5）班瞬间变成了风景秀丽的森林镇，里面住着调皮善良、有点笨笨的小狼一家；森林镇里还有许多小伙伴，有笨狼的朋友聪明兔和伶俐兔，还有憨态可掬的棕小熊，优雅的鹅太太，知识渊博的牛博士，爱美的眼镜蛇小姐等，他们一起去郊游，一起为了成为节水小卫士而不洗澡，一起到井里去找宝藏……小动物们在这美丽的森林镇里发生了许多有趣的故事，快乐地生活着。《笨狼的故事》这本书告诉我们笨狼虽然笨，但它很可爱，做事认真，心地善良一直想帮助别人，用自己辛勤的汗水，努力去换取森林里小动物们的认可。

孩子们通过阅读、创编、表演，也懂得了书中所要表达的精髓，要学习笨狼乐于助人、认真勤劳的精神。孩子们在表演的过程中收获的不仅仅是知识，还有那书本上所不具备的快乐。

童老师的话

——领会的心灵

　　书不是一页一页没有生命的纸张，而是一颗颗需要细细领会的心灵。专心阅读，就是身心合一，聚精会神。要养成这一习惯，必须做到：阅读姿势端正，环境要安静，作息要定时，地点要固定，养成默读静思的习惯。这样才能引导孩子们把方块字转换成一幅幅生动的画面。

金点子 ⑧

共同阅读的习惯

阅读是一件快乐的事情：同看一本书的人，会心一笑，快乐加倍；同看一本书的人们，会心一笑，快乐无穷。亲子阅读，一个分享快乐、放大快乐的读书游戏。父母和孩子的思想在这里交流，得以阅读与分享，这种与书"邂逅"的方式是多么美丽！父母和孩子捧书阅读，洋溢在心头的或许是一样的感悟，想想这是一种多么令人宽慰的默契和会心。

妙招集纳 1

渲染阅读的情景

亲子阅读，又称"亲子共读"，就是以书为媒，以阅读为纽带，让孩子和家长共同分享多种形式的阅读过程，在学生课外阅读当中起到重要的作用。通过共读，父母与孩子共同学习，一同成长；通过共读，为父母创造与孩子沟通的机会，分享读书的感动和乐趣；通过共读，可以带给孩子欢喜、智慧、希望、勇气、热情和信心。

童园经典 23

"亲子阅读卡"蕴藏大能量

班级里的开放式书橱被孩子们带来的丰富多彩的书籍充实并且开始运作后，孩子们如今已迷恋上了这快乐的阅读活动。在借阅过程中，总有学生不断向老师提出新的要求："老师，可不可以和爸爸妈妈一起读，一起讨论？""老师，这本书真好看，我想读给妈妈听，她会喜欢吗？"……听着孩子们稚嫩的言语，看着孩子们渴求的目光，我们的脑海中不禁跃出"亲子阅读"四个字。

是啊！亲子阅读可以极大地提高孩子的阅读能力，在父母的陪伴和帮助下锻炼他们的口才和沟通表达能力，积累和发展语言，开发智力，让孩子见多识广，开阔视野，丰富知识面，发展创造性思维。

我们必须设计一套合理的方案来帮助家长与孩子顺利地开展亲子阅读。依据低年级孩子的年龄特征,我们精心设计了与教学目标相匹配,且适应学生学习掌握的"亲子阅读卡"。阅读卡中包含了书名、阅读日期、我喜欢的词语、我喜欢的句子、我的读书感想(一句话)、家长评价(内容:每天阅读半小时、阅读态度、书写端正——评星)、家长签名等内容。

亲子阅读卡发下的当天,孩子们满心欢喜地翻看着。老师微笑着说:"你们可以将书橱中心仪的书借回家,与爸爸妈妈一起阅读。在阅读过程中,在阅读卡上记录下你们所学到的点点滴滴的知识,到时我们评一评谁最优秀!"孩子们一边小心翼翼地将书与亲子阅读卡放入书包中,一边欢欣雀跃地与同伴说着要准备怎么和爸爸妈妈阅读,怎么记录阅读卡……

我们知道,一段属于孩子们崭新的阅读旅程开启了……

附:亲子阅读卡

亲 子 阅 读 卡
班级_____ 姓名_____

书名:_____
阅读日期:___月___日~___月___日
我喜欢的词语:___、___、___、___
我喜欢的句子:
1._____
_____
2._____
_____
我的读书感想(用一两句话写一写):
_____
_____
家长评价:每天阅读半小时☆☆☆
　　　　　阅读态度☆☆☆
　　　　　书写端正☆☆☆
　　　　　签名_____

金点子8. 共同阅读的习惯

童老师的话
——增强的"四力"

亲子阅读卡作为亲子阅读的载体,可以帮助孩子增强语言能力、发展想象力、提高写作能力与交往能力。鼓励孩子在家长的陪伴辅导下,多读课外书,多积累,这是令孩子终身受益的。

妙招集纳 2

指导亲子阅读

亲子阅读,是一种家长陪同孩子进行的阅读。家长在陪伴孩子阅读或者共同阅读的过程中,对孩子进行一定程度上的帮助和指导,让孩子在这个过程中积极地与家长交流,勇敢地说出自己的想法,从而有助于家长和孩子之间形成良好的沟通桥梁。

童园经典 24

亲子阅读搭建沟通桥梁

瞧啊!这份亲子阅读的快乐飘进了孩子们的家中。共同阅读的书籍,成了父母和孩子沟通最好的桥梁。当初把空余时间花在了看手机或娱乐上的父母,现在与孩子共读一本书,共议一本书。

为了让年轻的家长们更有效地陪伴孩子阅读，童园的老师们定时定期在微信群中向家长传递一些读书的信息，告诉家长我们年级最近阅读排行榜上的书：《豆蔻镇的居民和强盗》《一年级大个子二年级小个子》《吹小号的天鹅》……建议他们可以事先了解书目内容，再针对如激发进取心、优化性格特点、美德教育等内容选择适合自己孩子的书进行重点阅读。在家长事先阅读的过程中，准备亲子共读的指导方法，如注意变换故事长度与深度，挑选重点章节设计积累、提问环节来帮助孩子提高阅读质量，明了文章主旨。

由于家长们自身能力有参差，我们也从旁关注着孩子们阅读的情况，随时告诉家长哪些书可以购买给孩子，哪些书适合家长与孩子共读，并向他们推荐学习亲子阅读方面的书籍，告诉家长一些亲子阅读方面的方法。

渐渐地，家长对孩子的阅读重视起来，尝到了亲子阅读的甜头。有位家长在亲子阅读卡上写道："亲子阅读卡带来的亲子共读在不知不觉之中，在我们和孩子之间建立起了一座沟通的桥梁，把彼此的心紧紧联系在一起，彼此了解，彼此信任，让我们享受到无穷的乐趣。"是呀！亲子阅读打开了家长们了解孩子内心世界的一扇窗户，让家长和孩子共同享受到了读书的快乐，感受到了优秀文学作品的魅力，体验到了收获和感动。

童老师的话

——共读中成长

小学生阅读能力的培养，家长有着义不容辞的责任。家长要通过多种方式鼓励孩子独立阅读，亲子共读正是培养孩子独立阅读能力的良好方式之一。亲子共读，不仅仅是一种学习的方式，同样也是一种家长和孩子之间沟通交流，放松彼此的一种方式。通过彼此之间的交流，家长可以教会孩子对生活要热爱并尽可能地去享受生活。这样培养的过程中，得到收获和成长的不仅仅是孩子，也包括家长。

妙招集纳 3

激励亲子阅读

淡淡清风送来缕缕书香，阵阵掌声伴随甜甜童年。亲子阅读让孩子们遨游书海，与名家对话；呼吸书香，与经典为友；使他们在"游戏"的快乐、自由与兴奋中不知不觉地完成一次课外阅读的蜕变；使他们感受到阅读书籍无穷的魅力，促使阅读的行为与热情向更深层次发展；逐渐稳固形成习惯，真正达到让学生热爱阅读的目的。

童园经典 25

评价的激励　阅读的动力

几周的亲子阅读活动实施下来，我们深深感觉到亲子阅读就像给孩子们注入了一种神奇的活力，快乐的情绪令他们欣然接受每天的阅读。

每当周一将他们的亲子阅读卡收上来批阅时，不难发现有的学生是回家与爸爸妈妈一起读，边读边思考，圈画书中感兴趣的地方，写下与家长共同研读的心得；有的学生是独立思考，家长从旁起到适当的"搀扶"作用，虽见解稚嫩，但也独到；还有的是两段式层次渐进的心得体会，第一段孩子层面的感想语言质朴浅显，第二段父母层面的感受则深刻地表述出了人生真谛。不管何种表达形式，确确实实体现了"亲子共读"这一概念。

孩子与家长们的激情如此高涨，老师的批阅怎能随便湮没这些心血和精华？老师充分利用手中的各种卡通章作为评价手段分步评价：词语、句子摘录有质量，书写认真的，会敲上"笑脸章"；比较上周情况有较大改观，则敲上"有进步"；读书感想有见解，有深度的，会得到"你真棒"；对在阅读中有自己独特做法，家长标注的，会给予评语点评肯定鼓励。

每周阅读课上，老师还会抽出一定的时间将优秀的阅读卡进行实物投影展示，让学生们切身体会优秀之处。并讲评读后感，使学生除了能学习读后感的写法以外，还能领略课外经典书籍的魅力。课堂上学生的学习时间毕竟有限，课后，老师把优秀阅读卡及时展示在教室版面上，供大家阅览学习。

如此系列的评价激励机制，让我们高兴的是孩子们自行加快了课外阅读的频率，主动增加了课外阅读的时间，为迎接激励评价而准备高质量的读书见解。同时，老师也发现孩子们之间的"攀比之风"盛行起来，但这不是攀比吃喝穿，而是在比谁的阅读卡上得到的章数多，谁的阅读卡写得工整，谁有独特的读书见解，谁更会思考，谁更爱读书。

这时候不再是我们老师要求他们如何如何地阅读，反而变成他们主动要如何如何地阅读了。这全是因为亲子阅读的介入，引领孩子逐渐走上乐读之路。正如一位学生在亲子阅读卡上写道：
　　与爸爸妈妈一起阅读，
　　阅读的不只是书，
　　还有书中那讲不完的故事，
　　从《虎王阿里》到《芒果街上的小屋》，
　　动人的故事走了一程又一程。
　　亲子阅读让我们有了共同的话题，
　　亲子阅读燃起了我们阅读的热情。
　　听着同学们谈论的故事，
　　心中迫切地想知道，
　　什么时候它会来到我的手里。
　　我们体会着学习的快乐，
　　我们感受着阅读的喜悦。
　　就这样，"亲子阅读"掀起了又一次课外阅读的高潮，班级里处处充满"我要读书"的激情。

童老师的话

——鼓励的评价

　　亲子阅读可以帮助孩子树立远大的理想和熏陶优秀的品质，阅读课外书也能让孩子达到修身养性的效果。带有鼓励性质的评价会让孩子更爱阅读，因为从评价中告诉他们："这是你们自己智慧的结晶，也是你们热爱读书、善于思考的见证。"孩子们从书中吸取人类所累积下来的经验与智慧，学到如何判断是非好坏与做人的基本道理，从而开启自己的内心世界，升华自己的人格，达到"此时无声胜有声"的效果。

金点子 ⑨

读写结合的习惯

在日常的课堂教学观察中,我们发现学生在阅读书籍时,有的囫囵吞枣,读后张冠李戴;有的浏览性观赏,过目即忘;还有的对于阅读方法知之甚少……

鲁迅先生曾提出,读书要"眼到、口到、心到、手到、脑到"。不动笔墨不读书。读书动笔,能够帮助学生记忆,掌握书中的难点、要点;有利于学生储存资料,积累写作素材;也有利于扩大学习的知识面,提高分析综合能力。因此,在阅读教学中,培养学生"不动笔墨不读书"的好习惯,能有效地提高学生的学习能力、创新能力和自我发展能力。

妙招集纳 1

会做笔记的功效

学习过程中有一句口头禅：好记性不如烂笔头。言下之意就是在课堂上要会做笔记。课堂笔记是课堂学习过程中一种重要的活动，它是学生在学习中对老师课堂讲解的主要知识点的随堂记录；是学生发现问题、分析问题、解决问题的思维过程和思维结果的真实记载。课堂笔记是一个不可忽视的重要环节。

童园经典 26

读书做到"眼、口、心、手、脑""五到"

做好"五到"让读书活起来

随着年级的逐渐升高，学生阅读的内容也越来越深。在上课分析、讲解文章的过程中，我们发现学生们依然像低年级时那样正襟危坐倾听老师的一言一语。可是，在向他们发问的环节中，只有寥寥几只手应景，大部分学生依然只是继续做着"听众"。就连温故时刻，学生大多是重复老师的讲述内容，毫无自己的见解可言。这是"死读书"，学生们的囫囵吞枣，死记硬背，让我们感到不安，得让他们的读书活起来。

这天上课,老师在黑板上写下一句话"读书要眼到、口到、心到、手到、脑到"。看着孩子们疑惑的眼神,老师笑着说:"这是你们今天的回家作业,请你们回家查一查这句话是什么意思,明天告诉我。"孩子们认真地抄写着,看着他们专注的神情,老师知道明天一定会有满意的答案。

第二天的课上,举起的小手如小树林一般——

"老师,我查过了,这句话是鲁迅先生说的。"

"眼到就是读书时眼睛集中在书上,不可看别处。目光专注,善于观察、善于发现。"

"口到是读出声来,有些文章还要大声有感情地朗读。"

"心到指读书最重要便是心,用心去读,不可三心二意,要精力集中,专心致志。"

"手到就是读书时,边读边做笔记。做做批注,在有感受的句子旁边写上自己的体会。"

"脑到指的就是我们要认真思考,而不是跟着作者的观点随波逐流,要提出不懂的问题,善于思考,追根求源。"

孩子们争先恐后地解释着这句话的意思。还有学生补充道:"我查到南宋朱熹在《朱子家训》中写道:'余尝谓:读书有三到,谓心到、眼到、口到。心不在此,则眼不看仔细,心眼既不专一,却只漫浪诵读,决不能记,记亦不能久。三到之中,心到最急。心既到矣,眼口岂不到乎?'"他还附上了译文:"我曾经说过:读书有三到,那就是心到、眼到、口到。心不在课本上,那么眼睛就不会看仔细,思想要是不集中,就只能随随便便地诵读,那一定不能记住,即使记住了也不能长久。三到之中,心到最为重要。思想集中了,眼会看不仔细,嘴会读不正确吗?"

老师情不自禁地为他们的回答鼓起掌来,接着趁热打铁讲解起来:"鲁迅先生之所以能写出那么多不朽的作品,主要受益于他的博读。他读书做到了'五到',即心到、口到、眼到、手到、脑到。前面'心到、眼到、口到、手到'四种方法,是为了更高效地将书中的知识储存在自己头脑之中,而'脑到'是将头脑中的知识转化为自己的智慧。从这一刻开始,希望你们将这读书'五到'灵活地运用到读书之中,这样可以让我们领略其他智者的思想,让我们的思想也变得广阔起来。"

孩子们的眼中闪烁着光芒,有的从书包里找出本子做笔记本;有的口中念念有词背诵着"五到";还有的翻看着书籍的神情更专注了……

让读书活起来,让孩子们读书的思想活起来,我们童园的老师和孩子们行动着。

童园经典 27

读书要常动笔墨重圈点

须养成"不动笔墨不读书"

班级里不少学生是十足的小书迷,他们家中的书柜里、书桌上、茶几上到处都能见到书的踪影,书的种类也很多,有工具书、英语书、文学作品、百科全书……他们的读书几乎是如痴如醉,经常达到废寝忘食的程度。每天晚上睡觉前看会儿书,早已成为他们生活的一部分,只要不看书,就会睡不着,好像有道美味点心放在眼前,吃不到心里会痒痒。

然而奇怪的是,这些孩子并没有进入"读书破万卷,下笔如有神"的状态。平时的作文只能算中等水平，考试时作文也会被扣掉不少分。家长们着急得向老师求助。

与家长的沟通中，老师详细了解了孩子们在家的读书习惯，结合在学校所观察到的情况，很快找到了写作能力弱的重要原因：读书的时候一目十行，囫囵吞枣，只注意那些紧张动人的情节，一般不会去深入理解文章的内容，更没有去体会书中表达的思想感情，就把书扔到一边读别的文章去了。

应该怎样指导这些孩子阅读课外书籍呢？于是在课上，有了老师与孩子们这番对话。

"你们能不能告诉老师都喜欢看哪些书呢？"老师的提问引起了孩子们的极大兴趣，他们连珠炮似的报出了一连串书名，有的还说出了故事梗概。可是，当老师让他们背背自己喜欢的语句、段落，或说说这些喜欢的语句、段落的含义及这本书对他们有什么影响时，他们都不约而同地卡壳了。

"如何阅读课外书籍，这要看你们读哪一类书，为什么读书。为了品味书中表达的感情，欣赏动人的文笔，积累优美的语言，你们就必须细嚼慢咽，而且还可以反复诵读，精彩的句段争取能倒背如流。这样才能充分吸收里面的营养。当然，如果你们是为了查找资料，或者只是想了解大致内容，只需要快速浏览，粗略地读读就可以了。"接着，老师又意味深长地说，"还有啊，你们必须记住这样一句话：不动笔墨不读书！"

"不动笔墨不读书？什么意思？"有些孩子睁大眼睛问道。

"这里的'动笔墨'，就是指读书的时候要动笔做记录，摘录一些好词佳句，这样就能积累更丰富的语言。如果书是自己的，还应该在书中圈点勾画，甚至可以在空白处写上批注。另外，读完一篇文章或者一本书，如果你觉得心中有话想说，还可以写一写读后的感想和收获。做到了这三点，才是真正的读书，否则只能叫'看书'了。"

一个坐在前排的男孩摸着头说:"嘿嘿,我以前还真不是'读书',是在'看书'呢。"老师语重心长地说:"你们看看,读书有这么多讲究,这么多方法,这么多学问!都记住了吧?"

学生们若有所思地点点头。

为了让学生较快地掌握精读圈画词句的方法,老师先做了几次集体示范。以大家共同阅读的一篇或几篇文章为例,和孩子一起进行小结:你认为哪些语句比较动人、优美?在文中先画出来,然后和孩子一起进行分析讨论,各抒己见。通过老师的点评,使孩子们更加清楚哪些词句需要圈画,哪些则不需要。

又是一堂阅读课,老师欣喜地发现孩子们人人手中多了一支笔。他们圈画着书中规范的语言表达:描写人物、动物、景物、声音、动作、色彩十分形象的词句;描写四季天气变化的语句;精彩片段以及成语、格言、警句等。

不动笔墨不读书,注重了读书方法,孩子们写作能力的提高指日可待。

童园经典 28

养成记读书笔记的习惯

平时勤笔记积累有提升

自从提出"不动笔墨不读书"的要求后,学生读书时都习惯了用笔圈圈画画。在每一次巡视和大家交流的过程中,老师发现班中的才女小林同学每次读书,她都会一边读,一边在书上圈圈画画、勾勾描描；一边读，一边想着作者写这个故事的目的是什么，故事中的人为什么这样做，有时还在脑子里把这个故事里的情节描绘成一幅图画。

预习课文时，她会先把课文中的生字生词都勾画出来，然后记在本子上查字典弄懂。不明白的句子画上红线，上课问老师。自己认为应该重点掌握的做上标记，优美的散文句子用花边形状的曲线围起来。

读课外书也是如此。有时她读的书是借来的，不敢随便在上面乱写乱画，所以她自己准备了一本摘录本，专门摘抄好词好句，还时不时地把自己的感受写下来，养成了做笔记的好习惯。

这真是读书的好方法。因为边读书边做笔记，对内容的记忆更牢固，而且还留下了可供日后查找的第一手材料。随着读书越来越多，笔记越来越厚，思维也变得更加活跃。

于是老师请小林同学向同学们交流读书好方法。在她的发言中，可以知道读书做笔记的好习惯，使她积累了许许多多优美的语句，写作文时信手拈来。读书做笔记的好习惯，既锻炼了她的笔下功夫，又加深了她的记忆，还增强了她的理解能力。读书笔记，还使她眼界宽了，因为她可以常常随着笔记中的人物一同去周游世界，去了解各国各地的风土人情和风景名胜，真是眼界大开。

同学们听得津津有味，特别是当看到小林同学展示的读书笔记中那密密麻麻的记录内容时，口中不禁啧啧称赞。榜样的力量是无穷的，孩子们纷纷准备了漂亮的笔记本。他们用这本子精心摘抄每天阅读课外书、报纸时喜欢的词语、句子、格言、古诗等。有心思的女孩们爱用彩笔把自己选中的内容工工整整地抄写下来。

当然，老师每周一检查一次，把精彩的摘抄本布置在阅读栏里展示，供同学们学习。这一下，孩子们的劲头更足了，笔记本上的摘抄内容越来越具体，越来越丰富。

相信只要长期坚持，到时孩子们学会了阅读方法，学会了欣赏与积累，写作时就会"肚里有货"了。

童老师的话

——学习好方法

　　读书笔记是学生思维方式方法的更新和调整，思维成果的巩固和运用，这些学习都可借笔记来完成。假如不记笔记，学生的思路常处于一种混乱无序的状态，对阅读中出现的问题的深层内涵的认识和把握只能意会而无法言传。但做笔记就能在短时间内把思维的无序状态变为有序可循状态，把意义的混浊模糊的问题变得清楚明了，迫使学生思维主体集中注意力去感知对象，迅速分解知识信息要素，把握其内在联系，按不同层次重新综合创造出新的信息。这其中包括了发散性思维和聚合性思维活动，对于提高学生的读书学习效率是十分重要的。

妙招集纳 2

注重阅读的过程

　　是不是觉得自己明明经常遨游在知识的海洋中，一段时间之后，回头一想空空如也，原本的海洋就像蒸发了一样，还是只有一片干涸的沙漠呢？原因就在于我们只光顾着读书，却缺少了思考，缺少了把思考整理汇聚成一篇心得体会，也就是"读后感"。"读后感"才是我们读完长篇大论之后真正能剩下留给自己的知识。因此，当我们兴奋地看完一本好书，或者学习到了新的知识，第一件事应该是完成自己的"读后感"，输出、检验自己刚刚学到了什么。

童园经典 29

点滴坚持见证成长历程

学生们阅读的书籍越来越多,他们之间还会互相推荐借阅认为值得一读的好书,其间他们还每天每周日积月累地做读书笔记的摘录。由于有了共同的话题,同学们对于读书的讨论交流渐渐多了起来。绝大多数的同学在读完书后就对全书进行回顾,写出读后感,有对文中人物的点评,有对写作方法的鉴赏,有对全书的感悟,有对此引发的思考……

小陆同学对阅读特别感兴趣,她每天坚持写阅读日记,记下了阅读的点点滴滴,留下了阅读的足迹——

阅读日记

2019年5月7日　星期二　晴

最近,我常常听好朋友们在讨论一本书,书名叫《天蓝色的彼岸》,刚听到名字,我就觉得挺有趣的。于是,我就去班级的书架上借这本书,可是一连借了几次都借不到,今天终于被我借到了。我按捺不住自己激动的心情,迫不及待地阅读起《天蓝色的彼岸》。书的主要内容是:小男孩哈里因车祸去了天国,正要去天蓝色的彼岸,但他还挂念着自己的亲人,于是他偷偷溜回人间,向亲人和朋友告别,并向他们表示歉意与爱。看了一会儿,我发觉这本书的确很不错,它的内容并没有我原本想的那样幽默,而是饱含哲理的,我一边阅读,一边猜想下面的内容,我想这本书就是要教会人们学会关爱、珍惜生命。那到底是不是这样呢？答案要等看完了才知道。

2019年5月13日　星期一　多云

　　终于把《天蓝色的彼岸》看完了，后来的情节发展竟然与我猜想的一样，的确是让人们在不可抵挡的人性光辉中感悟生命和死亡。由于它的内容太精彩了，我连续看了两遍。今天，我把书还了之后，参加了伙伴们的讨论。我向他们提出的观点是：这本书告诉了我们，人的一生十分短暂，因此我们要学会关爱、珍惜生命。之后，其他伙伴也亮出了自己的观点。最后，我得到了一个启示：这本书是一个关于生命和死亡最深刻的寓言，它不只告诉了我们要学会关爱、珍惜生命，它还唤起了人们内心深处最美好的情感，是送给人们最真切的感动和最伟大的爱！

　　清秀可人的小周同学文文静静的，可说起人生感悟却头头是道，这全是阅读带给她的——

三读《雾都孤儿》

　　最近我一直有个大烦恼：我们书友会的同学准备以世界名著——《雾都孤儿》为主要讨论的书目，而我却一直没有借阅到这本书。一天，两天……我心急如焚，这该怎么办，这样就没法和同学一起交流读书心得了！我每日在书橱前徘徊许久，终于有一天，《雾都孤儿》"落"到了我的手中。我带着充满期待的心态，小心翼翼地翻开了这本书的第一页，开始走进奥立弗·退斯特——这个孤儿的生活中。

　　在雾都伦敦，主人公奥立弗·退斯特在孤儿院长大，经历学徒生涯，艰苦逃难，误入贼窝，又被迫与狠毒的凶徒为伍，历经无数辛酸。最后在善良人的帮助下，查明身世并获得了幸福。读完第一遍后，我心中不禁想道：我们都爱看喜剧，《雾都孤儿》主人公的遭遇不怎么幸福，为什么这本书还很受小朋友的欢迎呢？

带着这个疑问，我又第二次进入《雾都孤儿》的世界。读后，不负所望，收获果真很大。之所以这本书畅销全球，不单单是因为它里面的好词好句很丰富，更是因为书中真实地揭示了以前旧社会的阴暗生活和人们的痛苦遭遇，把我带入一个截然不同的世界，让我为奥立弗受过的那些罪而唏嘘不已。

怀着寻找到答案的兴奋心情，我又一次捧起《雾都孤儿》这本书，我震撼了：现在的我们拥有一个幸福美满并且完整的家，爸爸妈妈给予我们温暖，在良好的环境下接受优质的教育，与以前的人们相比，不知道要优越多少倍呢！我真庆幸自己没有生在那个年代。

今年，是新中国成立70周年，人们的生活水平不断提高。在如此美好的生活条件下，我们更要珍惜自己所拥有的一切，奋发图强，努力学习，创造更美好的明天。

小才子小张同学最爱去班级书橱转悠，在书中他找到了最珍爱的挚友——

阅读好书，增长知识

这几天我们班级书橱里的书籍更新了，我一听，便迫不及待地来到书橱前，看见书橱里又来了好几个新面孔，我兴奋得眼睛闪闪发光，目光贪婪地在每一本书上扫来扫去。突然我的眼前闪过一本书名是《男生贾里全传》的书，我一下子激动得在心里狂呼万岁，这可是我一直想看但一直买不到的书啊！我毫不犹豫地把它抽出书架，在给负责人登记好后，我奔回了座位……

回到家，我就开始了"疯狂阅读时期"，用自己独有的"一目十行"绝招以最快的速度看完了这本书。我发现它写的都是在校园里发生的一件件趣事，但与一些校园幽默小说不同，这本书每一个故事的背后，都蕴藏着一个人生哲理，它让我明白了如何处理同学之间的矛盾，如何面对同学对你的嘲笑……总之，我要感谢这本书，因为它给了我人生中的许多启示，让我也体会到了书中主人公那充满欢笑的校园生活，我爱这本书！

从这以后，我经常去书橱前转悠，希望能看到自己喜欢的书，我们阅读了许多好书，也增长了许多知识。我爱书，因为她是最好的老师，是人生中每个人最好的朋友，更是一切知识的源泉！

翻看着学生阅读记录本上一篇篇或短或长的阅读体会，老师心头窃喜，我们的目的达到了。当初使用阅读笔记的"输入法"，在不断阅读，坚持记下自己的心得体会，从一句到几句、到一段、再到一篇的积极状态下，学生不仅培养了兴趣，还收获了知识，学到了阅读的方法，锤炼了思考的能力。

在班级中，童园的老师及时了解孩子们的阅读情况。每过一段时间，我们就会做一个小结，让学生谈谈自己在此过程中的感想、心得与体会，并及时指导他们撰写在阅读记录本上，对于学生的优秀表现做了充分的表扬。我们还树立了一批读书好榜样，请孩子们对书的读后感也像一本书一样，打印好装订成册。老师告诉他们："这是你们自己智慧的结晶，也是你们热爱读书、善于思考的见证，这里面记录了你们的迷惑、思考与结论，有稚嫩的、有直白的、有理性的、有对故事的质疑、有对文句的赞美、有与文中主人公的对话，还有对文中标点符号、错别字的纠正……"

阅读笔记让孩子能清晰地看到自己与伙伴在读书时留下的痕迹。这些见证着他们在课外阅读中成长的经历，真切地让他们感受自己读书的成果，进而在欣赏文本的同时感受到成功的快乐，真正实现了读者与作者、读者与作品、读者与读者之间的多维对话，激励他们进入更广阔更深入的阅读中去。

董老师的话

——知识的消化

写读后感使学生进一步将所学的知识充分消化，是提供给每一位学生开动脑筋、独立思考的好机会。学与思结合在一起，把书本知识消化理解得更深更透，并可从中领悟到读书的乐趣。

写读后感能够积累学习经验。学习的经验，必须靠平时一点一滴的积累。如果读完一篇文章写一篇读后感，那么几年后就变成了一笔非常宝贵的财富。这对每一位学生来说都是大有益处的。

妙招集纳 3

打开阅读的思维

思维导图又叫心智导图，是表达发散性思维的有效图形思维工具，它简单却又很有效，是一种实用性的思维工具。思维导图运用图文并重的技巧，成倍地提高学习效率，激发联想与创意，形成系统的学习和思维的习惯。

童园经典 30

思维导图丰富阅读方法

　　思维导图本身的发散和收敛作用在很多领域都能很好地应用，在阅读中也不例外。通常有这样的情况，学生在读完一本书之后觉得印象不深，回想书中的内容想不起来，但确实在读的时候读得非常有兴趣。深层次的内容更说不出个一二三来，更不要说主题阅读了。思维导图就能在阅读中帮助学生积极主动地思考。不管是课内的小阅读还是课外的大阅读，都离不开大脑的积极主动思考。所以思维导图作为思维工具的优势就显现出来了。

　　记得老师让孩子们第一次接触思维导图时，面对全新的阅读思维展示方式，我们翻阅了大量工具书和资料后，理清思路，设计方案，有步骤地教授孩子完成思维导图的绘制。如选取《名人传——林肯》进行思维导图的绘制，以此来帮助梳理故事脉络。

　　孩子们细致阅读《林肯》传记，寻找并选取不同角度的绘制切入点，我们称之为大树的主枝干：或从时间推移入手；或从地点转换入手；或从影响林肯的关键人物入手；或从林肯思想情感变化入手；或从故事主要情节入手。抓住了这些主线索，孩子们理清了彼此前后的逻辑关系，丰富了"枝丫树叶"，思路清晰地绘制出一张张林肯成长的思维导图。其间，老师针对孩子们思维导图中的不足，提出修改建议。孩子们不厌其烦地多次修改，定稿后，勾线上色，一张张色彩鲜艳的思维导图诞生了。

　　基于思维导图的学生理解，老师又以价值引领形式在课堂上与孩子们交流、讨论，形成共识，多角度、多途径地理清林肯成长的轨迹，深入理解了书中所阐述的价值观。

　　有了第一次的成功，孩子们对思维导图产生了极其浓厚的兴趣。《马云传》《岳飞》《居里夫人》……一张张思维导图应运而生，虽然字迹、图案显得稚嫩，但是这些思维导图闪烁着孩子们的思想火花，亦是他们的成功之作。

附：思维导图

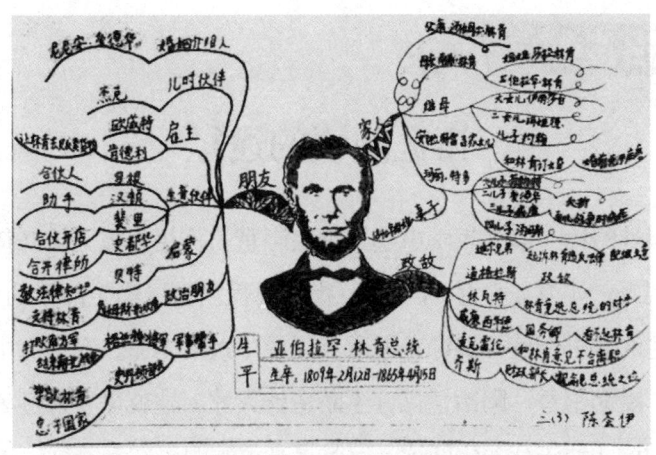

童老师的话

——理解的强化

思维导图强化了孩子们对书籍的记忆及理解，增强了大脑对知识的"渴求"，让孩子们对全部知识"图景"了然于胸，因而可以对书籍的全部知识有一个更加平衡和更加全面的理解。

妙招集纳 4

拓宽阅读的途径

课外阅读在语文教学中起到举足轻重的作用，极大地开拓了学生的视野，丰富了学生的学识。我们要积极拓展学生阅读的渠道，为学生的课外阅读开辟绿色通道。让学生沉醉书海，在书海中吸取精华，浸润书香，陶冶情操，不断造就人才。这就需要通过多种形式的阅读活动进行深化阅读，有效提高学生的语文素养。

童园经典 31

在阅读实践中收获价值

阅读的价值所在，体现在学生的思维成长。经过老师价值引领的阅读指导，孩子们对于所阅读的每一本书籍主旨有了更深层次的认识。

为了让孩子们能从书中人物身上获得实践的动力,老师会带领孩子们朗读、演绎书中的片段,以诵读经典片段、课本剧演绎等方式生动再现书中的动人情节,追溯主人公的成长轨迹。

如阅读了《名人传——林肯》,孩子们接受任务之后,经过再次阅读书本、理解内容、分析人物,在班中分组,选择剧目内容,开始排演。孩子们秉承"不动笔墨不读书"的宗旨,一起打开书本认认真真地编剧本,剧本中每个人物的语言、神态、动作一一写明,有时他们为了情节的设计还会争论几句。瞧他们那一丝不苟的模样,俨然个个成了剧作家。

紧接着,背台词、排练动作、准备道具,孩子们忙得不亦乐乎,并利用放学、双休日时间进行小组排练。孩子们都很用心地去练习,去表演,从不喊一声苦,一声累。自从排练课本剧、诵读经典内容以来,孩子们一直都处于兴奋状态,全身心感受名人传记带来的心灵碰撞。

在大家的努力下,孩子们成功地展示了《林肯》传记片段,并获得了"最佳表演奖""最佳剧本奖""最佳诵读奖"等奖项。虽然孩子们在剧中只是扮演了一个小小的角色,在诵读中只是一个小小的朗读者,但是他们在过程中收获了许多许多,他们展示自己,锻炼自己,勇敢地表现了自己。

至此,孩子们已与书中的名人共呼吸,产生了共鸣。于是,名人名言带给孩子们的是深深的触动。孩子们从书中选取林肯最让人感动、最激励自己的一句名言,用心、用文字记录下内心思绪,化成一篇篇感人的文章。老师请孩子们将自己的文章制成"好书推荐"版本,推广至全年级,让更多的孩子感受到大阅读的魅力。

多种形式的阅读,让阅读的历程充满思维的张力,学生的思维得以激活,心灵得以开启,智慧得以培植。胸怀远大的理想,不畏困难，坚持不懈，成为孩子们自我实践、勇往直前的动力。

童老师的话

——阅读出价值

特色活动的价值阅读成为孩子们成长的精神源泉，引领指导助力于孩子们形成良好的品格和健全的人格，给予他们打拼的勇气和战胜困难的力量，使他们拥有了过去、现在和未来。

金点子 ⑩

善用工具书的习惯

　　工具书有着悠久的历史。它种类繁多,内容丰富,凝结了中华民族各类知识的精华,使用价值极大。各种工具书,对于浩瀚的书海、期刊、资料来说,好比探测器,运用自如,海底也可捞针;又好比知识宝库的钥匙,掌握好了,就可以"破门而入",寻求知识的真谛。

妙招集纳 1

常用工具书的效用

学会使用工具书,无疑就是让孩子多掌握一种阅读和学习的方法,多一些自主阅读和学习的能力。工具书能够帮助孩子扫除阅读中遇到的各种障碍,提高孩子的阅读能力。因此,在孩子阅读时,我们要指导孩子多利用工具书。

童园经典 32

老师故意找学生"借"字典

读书,使孩子们感到了快乐!读书,让孩子们越来越靠近五光十色的文学彼岸!童园的孩子每逢课间休息、自习时间都爱手捧一本书。不过,在阅读课听他们朗读时,却发现有人读字读半边,错音冲口而出,有人卡壳在不认识的字上。看来,孩子们在读书时遇到生字便自动屏蔽,跳跃过去了。这样可不利于阅读理解,阅读能力也会随之受到影响,我们得让他们学会使用工具书来帮助阅读。

阅读时间到了,老师和孩子们一起安安静静地看书。突然,老师问:"谁手中有字典?老师想借用一下。"小家伙们开始面面相觑。"大家都没有吗?老师想查个生字!""老师也有不认识的字呀!""当然啦!老师也是需要不断学习的。"老师用期盼的目光环视每个望向自己的孩子。也许是读懂了老师脸上写满的失望，孩子们开始躲闪老师的目光，不好意思地低下了头。老师轻轻地叹了口气。看到大家的目光全都离开了书本，愣愣地望着自己，老师故意不好意思地说："不打扰你们了，我待会儿回办公室查，你们继续读书吧！"

第二天上课时，老师手中多了一本《新华字典》和《现代汉语词典》。老师将两本工具书放在讲台上，笑着说道："字典是不会说话的老师，遇到生字、生词时，我会先请教这本工具书。工具书是专门供人查阅的图书，可以提高我们的工作和学习效率。只有借助工具书，才能扫清字词的障碍，明白句子的意思，从而理解文章的内容，把握作者的意图，正确地领会中心思想。希望你们在阅读时能运用好工具书。"

当天傍晚，就有不少家长通过微信询问老师词典的版本，老师则告知家长购买工具书一定要选择正规出版社的正版字典、词典。

第二天，孩子们的桌肚里放进了《新华字典》和《现代汉语词典》。孩子们的手中有他们的心爱之书，他们手捧书籍凝神阅读，翻阅字典的神态更为专注。

当然，这次"借字典"是老师故意安排的，为的是让孩子们能自愿自觉地使用工具书帮助阅读。通过这个事例，老师宣布"借字典"成功。现在可以告诉你哦，童园的孩子们已经很习惯地使用工具书了呢！

孩子们和书的故事会继续延续下去。

童老师的话

——使用工具书

对于小学生而言，工具书就像是农民手中的锄头，工人手中的榔头，画家手中的画笔一样，它发挥着十分重要的作用。培养学生读书时使用工具书的习惯，实际上是培养学生自己解决问题，遇到困难不依赖别人的习惯，对学生的人品、将来生存能力的培养都是十分重要的。

妙招集纳 2

学习使用工具书

小学生的工具书主要是字典、词典，它们是孩子无声的老师。借助这些工具书，自己弄懂字词的意思。养成查字典、词典的好习惯，能避免读错字、写错字、望文生义等不良习惯，确保知识掌握的正确性。此外，参考书也能为学生提示阅读思路，提供阅读的有关背景知识、常识性知识及其他小资料，能拓宽知识面，启迪思维，是学生自学的好帮手。

童园经典 33

授人以鱼，不如授人以渔

在童园语文老师的课堂上，《新华字典》和《现代汉语词典》是必备的两本工具书，学生在听课时，要根据需要随时翻查，使用工具书需要做到拳不离手，曲不离口。

之前阅读时，总有个别学生看着看着会上来问："老师，这个字读什么，是什么意思？"渐渐地，随着他们知晓字典、词典的作用后，他们都能自己解决生字、生词的疑难问题了。偶尔在课堂上出现这样的疑问，我们也不急着告诉他们，而是变成了"懒老师"，说："哎呀，这个我也不太清楚。麻烦你们查查字典告诉我，做做我的老师吧！"接下来的场面，只听见翻页的唰唰声，不到半分钟，准有小老师为大家解答了疑惑。

最近《生僻字》这首歌特别流行，里面有好多字都未曾谋面。这倒是训练学生使用工具书的大好机会。我们老师便把这些生僻字写在黑板上，有的不把这个字或者这个词写出来，而是写上拼音；有的写出了词，不注音。我们让学生查了字典或词典，然后让他们写到黑板上来。当几个学生把这些词和读音都写到黑板上之后，我们再组织全体学生来确认这几个词和拼音书写是否正确，为什么选这个字形而不选那个，依据是什么？有什么样的字义词义的依据，有什么样的语境的依据，有什么样的字源的依据？等等。学生们手捧字词典说得头头是道，难解的字义、词义迎刃而解。一堂课结束，他们将这首《生僻字》唱得极溜。

第二天，一些好学的孩子会拿着参考书或从网络上查找到的资料，来与老师汇报昨天回家后查到的词语出处及会用哪些词语造句了。看着他们神采飞扬的脸庞，我也笑了。老师费尽周折，实际上是有意识地培养学生使用工具书的习惯和能力，他们确实也做到了，甚至能主动通过各种途径去查阅资料，去探求知识。

除了让学生使用纸质工具书帮助阅读外，老师还引导学生将视线投注在其他辅助工具上。只要能对孩子阅读有帮助，就尽可能充分利用。比如可以在电脑上安装一些工具软件，如《金山词霸》《中国百科全书》等，同时教给孩子一些查阅电子资料的基本方法，这些资料也会成为孩子阅读的好指导、好老师。

金点子 10. 善用工具书的习惯

"授人以鱼，不如授人以渔。"培养学生使用工具书的意识和能力，正是"授人以渔"的过程。我们不仅要告诉学生解决问题的思路和方法，更要培养他们主动探究的意识。探求之路要学生自己去走，我们老师只是指明了一个方向，养成了一种能力而已。

童老师的话

——意识的引导

通过培养学生主动自觉使用工具书的意识和能力，从而真正引导他们养成自主探究的意识和能力，这对学生未来的可持续发展而言，比现阶段教给他们掌握多少知识和技能都更重要。

妙招集纳 3

学生互荐字词典

工具书是书山的向导，学海的舟楫。学习中有了它，犹如治学有良师，做事有帮手，充分利用好工具书，就能起到事半功倍的效果。因此，工具书在我们的工作和学习中发挥着不可取代的积极作用。充分利用工具书的特点和自身作用，对于提高学生的学习效率和学习质量，都有着非常重要的意义。

童园经典 34

与工具书交朋友

随着《新华字典》和《现代汉语词典》的铺开使用,童园的孩子在桌肚里总会放上一本,随时查阅。凡是在读书、读报或读其他课外读物时遇到了生字、难以理解的词语,都会及时请教工具书,逐渐养成了好习惯。

他们从工具书里获取的知识越来越丰富。看着他们孜孜不倦地从书中撷取知识的模样,我们老师又陷入了新的思考:工具书种类有不少,不能让孩子们仅仅局限于老师推荐的工具书中。他们在家中一定会使用其他工具书来帮助学习,得挖掘学生的资源,让他们推荐多种多样的工具书。

动员会开始了,我们请学生回家找找自己身边的工具书,可以是自己使用的,也可以是爸爸妈妈使用的,但必须对自己是有用的,然后向班级同学推荐,介绍的形式不限。高年级的学生行动力极强,一周后的推荐会上,他们所推荐的工具书闪亮登场了。

学生们手中的工具书果然丰富多彩:《古代汉语词典》《成语大词典》《中国百科大辞典》《中华大字典》《辞源》《辞海》《唐诗鉴赏辞典》《宋词鉴赏辞典》《古文观止》……

《唐诗鉴赏辞典》的介绍人为同学们展示了如何读懂古诗,并配以精美的PPT让大家近距离地感受到了唐诗的韵味。

《成语大词典》则是在几位学生的成语接龙中登场了,结合他们演绎的成语故事,全场的学生都体味到了成语的魅力。

《古代汉语词典》在知识问答中隆重与大家见面,在一道道学生精心准备的古汉语题目中,学生们清晰地了解了词典的内容和用途。

《古文观止》的一段情境再现,让学生们接触到了脍炙人口的名篇佳作,也知晓了提高理解古汉语能力的途径所在。

……

整个推荐会上,在座听讲的学生特别认真,拿着笔记本不停地记录着,还不时询问着、讨论着……

我们老师知道孩子们记录的是明天,是今后的学习策略。

童老师的话

——热爱工具书

通过学生的自主推荐活动,同学们增强了使用工具书的主动性和积极性,会运用正确的方法进行查阅。同时,在活动中让学生们了解了更多工具书的类别,知道每一种工具书的内容及使用方法,激发学生对工具书的热爱之情,养成自主翻阅工具书的良好习惯。

金点子 ⑪

多元思考的习惯

阅读是深入思考的原料和素材。从这一点看阅读，凡是没有静下心来仔细思考，细细品读作者的思想和传递价值的阅读都应当被归纳为"浮浅阅读"。反之，深度阅读才能够带给我们理解吸收的效果，只有足够的专注力才能产生深度阅读的结果。

深度阅读还包括一个重要的部分，就是思考。阅读能开阔一个人的视野，但是拓展阅读，很多都不在自己的认识范围内，这个时候就要结合情节理解思考，做笔记。一个区域内遇到的内容多了，答案也就浮出水面了，这是一种很奇妙的感受。

在相当长的一段阅读指导实践中，老师们一直很关注学生多元思考的发展。老师发现在中高年级对阅读的定位已经把多元思维放在了一个非常重要的层面。因此，无论是对中年级学生，还是高年级学生，都需要非常重视多元思考的培养。

金点子 11. 多元思考的习惯

妙招集纳 1

思考阅读的情境

情境的魅力就在于有了画面的还原，文字就鲜活了；有了文字的描述，画面更多了文学的美好；有了设身处地，就有了感同身受。当画面、生活、情感和文字结合在一起，在学生脑海中交融的时候，学生的思考就会被点燃、被激活。当表达变成不可遏制的欲望之时，学生的思维就在悄悄地向深处延伸。

童园经典 35

阅读大 PK 中发现异同点

学生们在阅读时，经常会发现小说中出现的人物会和另一本书中人物或是现实生活中的人物有相似的性格，但每个人物又有自己的个性；不同的小说会表达相同的主题；写法相近的小说表达着不同的主题。

于是，老师带领着学生们读沈石溪动物系列故事中的《藏獒渡魂》，阅读《佐贺的超级阿嬷》等书籍后，尝试着拿这本书和其他书做比较，拿书中人物和现实生活中的人物来个 PK……

带着问题，带着思考，带着比较，同学们纷纷投入多元阅读中，老师趁热打铁，动员学生在两周后能交上一份阅读研究报告。当然，在学生们完成阅读研究报告前，老师适当地帮助学生们整理了研究思路：设计一：抓共性，找规律。我们通过读一本书或几本书，然后进行筛选和提炼，找出不同人物或不同文章的共同特征，能够发现文学创作中的一些规律。设计二：同中求异，挖掘个性。通过阅读，同学们会了解小说中的人物各具独特的性格和心理活动，尝试着对小说情节进行分析，从中找出人物的个性特征；或是对小说写法进行分析，掌握谋篇布局的方法。设计三：联系现实，体验乐趣。往往一本书看完后，内心会产生意犹未尽的感觉，那就趁热打铁，拿书中情节或人物和现实生活做个比较，趣味也非同一般呢！比如尝试着拿原著改编的电影和原著PK一下；拿自己或者家人朋友和书中人物进行比较；在可以操作的情况下模仿书中人物做一件事，感受在实践过程中自己的内心世界和书中人物是否一样。

阅读研究报告就是通过互相比较、互相补充，推测发展，最后形成自己的综合观点，写成报告。

接下来的日子，就看见学生们在埋头阅读，进行思考，享受快乐。

来看看学生作品：

1. 超级阿嬷PK超级外婆——《佐贺的超级阿嬷》

读了《佐贺的超级阿嬷》，我觉得书中的阿嬷与我的外婆有许多相似的地方。

比如说节约吧。书上举了个例子："鱼骨头含有钙质，吃吧。"阿嬷这么说着，连很粗的鱼骨头都叫我吃下去。但总有些是肯定嚼不碎的硬骨头，像鲭鱼的骨头啊，每次吃完鱼肉后，阿嬷就把鱼骨头放在碗里，倒进热开水，冲成骨汤喝下去。这还没完哪，剩下的鱼骨头再晒干，用菜刀剁碎，压成粉，当作鸡饲料……

我觉得佐贺的外婆不仅十分节约，而且善于动脑，用智慧解决了发育期儿童所需营养的问题。

我的外婆也十分节约。虽然不在战争期间，家里住的是三层洋房，每月也有几百元的零用钱，但她的节约程度丝毫不逊于超级阿嬷。外婆一年四季依然坚持穿自己做的漂亮衣服。做衣服总有剩下的小零碎布料，小孩子们流行玩沙包，所以我也缠着外婆给我做沙包，外婆一会儿就用小零碎布做好了一个结实、漂亮的沙包。做沙包还剩下的布头，外婆还是舍不得扔，在我的一件外套上装饰了一朵别致的小花。

你看，超级阿嬷和我的外婆PK节约，是不是不分胜负呢？

琛 琪

2.《三十六计》与《三国演义》

《三十六计》是根据我国古代卓越的军事思想和丰富的斗争经验总结而成的兵书，是中华民族优秀文化遗产之一。全书共分六套，即胜战计、敌战计、攻战计、混战计、并战计、败战计。每套各包含六计，总共三十六计。

同样是以"三"字开头，《三国演义》是中国古代第一部长篇章回小说，是历史演义小说的经典之作。全书描写了封建统治阶级内部的不同集团和派别，为达到一己之利，尔虞我诈，钩心斗角，各种计谋贯穿全书的始终。

经比对，我发现《三十六计》与《三国演义》竟有着千丝万缕的联系。不愧是中国集计谋于大成之第一奇书。在《三国演义》中，罗贯中用他的才华将三十六计一一写入，用来讲述一个个的故事。下面我就向大家介绍几个非常有名的计谋吧！

第十六计——欲擒故纵：让敌人斗志逐渐懈怠，体力、物力逐渐消耗，最后己方寻找机会，全歼敌军。蜀汉政权建立之后，定下北伐大计。当时西南夷酋长孟获率十万大军侵犯蜀国。诸葛亮为了解除北伐的后顾之忧，决定亲自率兵先平孟获。蜀军主力到达泸水附近，诱敌出战，事先在山谷中埋下伏兵，孟获被诱入伏击圈内，兵败被擒。诸葛亮考虑到孟获在西南夷中威望很高，影响很大，如果让他心悦诚服，主动请降，就能使南方真正稳定。决定对孟获采取"攻心"战，断然释放孟获。七擒七纵，终于感动了孟获，他真诚地感谢诸葛亮七次不杀之恩，誓不再反。从此，蜀国西南安定，诸葛亮才得以举兵北伐。

第三十三计——反间计：使敌人获取假情报而有利于我的计策，后指用计谋离间敌人引起内讧。赤壁之战前，曹营谋士蒋干自称与周瑜曾是同窗好友，愿意过江劝降。曹操当即让蒋干过江说服周瑜。周瑜见蒋干过江，一个反间计就已经酝酿成熟了。他热情款待蒋干，酒席筵上，周瑜佯装大醉，约蒋干同床共眠。蒋干偷偷下床，见周瑜案上有一封信。他偷看了信，原来是蔡瑁、张允写来，约定与周瑜里应外合，击败曹操。他连夜赶回曹营，让曹操看了周瑜伪造的信件，曹操顿时火起，杀了蔡瑁、张允。等曹操冷静下来，才知中了周瑜反间计，但也无可奈何了。

第三十六计——走为上计：敌我力量悬殊的不利形势下，采取有计划的主动撤退，避开强敌，以退为进。姜维正在祁山进攻魏军的营垒，忽然之间一天连来三道诏书，命他班师。他无可奈何，只好从命。回到汉中以后见郤正，正说："将军将有大祸临头了。将军若有个三长两短，国家也就完蛋了。"第二天，姜维上表后主，要求去沓中屯田，效仿诸葛亮，后主答应了，姜维全身而退，避免为小人所害。

由上可见，罗贯中用其经天纬地之才，在《三国演义》中为我们淋漓尽致地展现了三十六计谋，用这三十六计为我们描述了一个个三国中的故事。

李远超

3. 赤利、花鹰和曼晃——《藏獒渡魂》

最近，我读了沈石溪动物系列故事中的《藏獒渡魂》。这本书中有三篇关于狗的感人故事。这三条狗都有一个特点，就是一开始主人都很不喜欢它们，都把它们抛弃了，可是它们却在紧急关头拯救了主人和小羔羊。下面我就用表格来表示这三条狗的不同情况：

	赤利（雄）	花鹰（雄）	曼晃（雌）
品　　种	猎犬	猎犬	藏獒
初步印象	无情无义	视为灾星	桀骜不驯
真实情况	舍身保护主人	忠心耿耿的义犬	主人的好帮手

为什么最后主人会对这三条狗改变看法呢？

因为，第一条狗赤利是主人先前误会它了。当主人遇到野猪并开枪射击野猪时，却没有注意到身后的毒蛇要咬自己。但是敏锐的赤利看见后，以迅雷不及掩耳之势扑上去一口咬住了毒蛇的脖子，而主人却认为紧要关头赤利没有保护自己。后来，当主人又上山遇到豺群，在手无寸铁，千钧一发之际，赤利勇猛地蹿出来保护了主人，使主人对它改变了看法。第二条狗花鹰不顾主人对它的厌弃，在主人被鳄鱼攻击时，自己挺身而出保护了主人。第三条狗曼晃（藏獒与羔羊在一起生活，要冶炼性情）渡魂中以伟大的母爱保护了一头刚出生的羔羊。

这三条狗让我们体会到原生态的美和文明社会种种虚伪的表现。我觉得生命中残酷、竞争、顽强生存和追求辉煌的精神内核是永远不会改变的。

李嘉昊

你看，在阅读过程中，老师带领学生通过读一本或几本书，然后进行筛选和提炼，这样既可以提高同学们迁移思维的能力，更好地解读人物的内心世界，又提高了欣赏水平和写作水平。

童园经典 36

真情实感穿越书中人物

为了激发学生深度阅读的兴趣，老师常在班中开展各类阅读活动，比如"讲故事比赛""知识竞赛""诗歌朗诵比赛""穿越书中人物""比赛查阅资料"等。这些活动既有效地检查学生阅读情况，巩固阅读成果，又让学生享受阅读的乐趣，激发阅读热情，使阅读活动步步深入。

在这么多的阅读活动中，学生最感兴趣的就是交流"穿越书中人物"活动了。还记得那节阅读课上，老师笑眯眯地对学生说："爱读书的孩子们，当你们读到一本有意思的书时，你们会有怎样的感受？"

学生七嘴八舌："我会被书中紧张、惊险、有趣的故事吸引。"

"书中人物的勇敢坚强，我感动得想哭。"

"我会随着主人公哭，随着主人公笑。"

"我常常会融入故事中，想象着自己就是那个主人公，正在为好朋友讲述那精彩动人的故事呢。"

"说得太好了！孩子们。"老师故作神秘地压低声音，"那就让我们魔法变身，穿越到书中去吧！"

要变成书中人物，这多奇妙啊！学生们一个个挺直了身子，竖起了耳朵，两眼闪烁着兴奋的目光，嘴角露出甜甜的微笑，津津有味地听老师说下去。

"孩子们,我们在阅读一本书时,要带着自己的思想感情与喜欢的人物进行对话,想象自己就是他,从他的角度来观察生活,诉说他的经历、见闻、感受。你会觉得新颖而有趣的。孩子们,快去和书中人物交朋友吧。"

阅读课后,学生千方百计地寻找自己感兴趣的课外书,选择自己喜欢的主人公和他们进行心与心的沟通,这些人物或有趣、或奇特、或感人。每个人物,都是培养学生阅读兴趣的催化剂。

又一节阅读课上,老师问学生:"孩子们,你们最近读了哪些书?你们想变成书中的哪个人物呀?"

"我读了《帅狗杜明尼克》,我想变成杜明尼克,去经历许多有趣的事。"

"我读了《海底两万里》,我要变成法国生物学家阿罗纳克斯,向大家讲述我在海洋旅行时的所见所闻。"

"我读了《精灵鼠小弟》,我要变成那只聪明又机灵的小老鼠斯图尔特。"

"孩子们,我们在用自述的方式介绍自己喜欢的书中人物时,表达的方式会变得非常自由。我们不但可以说说书中人物做的事,说的话,看到的、听到的有趣见闻,还可以尽情地讲述他的心理活动。这就是第一人称的好处,这就是'自述'的妙用。如果你穿越的书中人物是小动物、小物件,不要忘记,要用拟人的手法赋予它们生命,这样才能以情感人。"

在老师的引导下,学生们沉浸在读、思、写的过程中。为了让自己喜欢的人物特点更鲜明,更让大家接受,他们咬文嚼字,反复揣摩,这样就保证了阅读质量。在品味阅读的数量和质量都取得胜利果实时,老师也品尝到了学生那痴迷般的阅读激情。

一位学生读完《感动小学生的100篇童话》后,对其中一个故事《小倭瓜和他的奇奇导弹公司》中的主人公小倭瓜特别感兴趣。他这样写道：

我是《小倭瓜和他的奇奇导弹公司》中的主人公——小倭瓜。

我知道许多人热爱和平，但总有喜欢战争的那一类人存在。这不，轰轰导弹公司的总裁梯梯尔就是这类人。他靠发动战争发了财，但是，最终他并没有好结果，他死在了导弹发射场。我是他的合法继承人，是他仅用三片面包换来收养在身边的小可怜。我是穷人家的孩子，并不愿意继承梯梯尔的财产，更不愿意去轰轰导弹公司当总裁。因为我讨厌战争！战争让人们流离失所，战争让人们悲痛不已，战争让和平与爱不复存在！

但是你一定对我很失望，因为后来我还是去上任了。别生气！这是同学大脑袋的杰作。我们有一个很伟大的充满爱的计划，我可以通过总裁这个职务来实现它。我上任第一天，就烧起了"三把火"：

第一把火：把"轰轰导弹公司"改名为"奇奇导弹公司"。

第二把火：停止生产一切军用导弹。现有导弹全部入库，库门用100公斤的大锁锁紧。

第三把火：从即日起，导弹生产流水线改为生产玩具导弹，在电子游戏机中，新添导弹打碉堡游戏卡。

这"三把火"很快"燃烧"了起来，一年来全世界有29个国家曾经想打仗，但是由于没有军火导弹市场而作罢。我还拒绝接见前来购买导弹的各国使者。但是来访者越来越多，我招架不住，立即求助大脑袋。他给了我一个超大号的火把，这次的火更厉害，简直就是"三昧真火"！

我开始接见各国元首，实行"化恨为爱、化战争为和平"的好方法。奇奇导弹公司卖给W国"地对地导弹"，卖给R国"露天采矿导弹"，卖给D国"冰晶导弹"……让这些国家有了生活用品，有了一个个露天矿场，有了纯净的矿泉水……

金点子11. 多元思考的习惯

我和大脑袋开创的"奇奇民用导弹公司"风靡全球！我们化解了一次又一次的战争危机。我们因此获得了"诺贝尔和平奖"。我把和平和爱撒满了天下，也让大家懂得了"只要人人都献出一点爱，世界将变成美好的人间"！

这位学生不露痕迹地把"我"和书中人物融为了一体，条理清晰地将善良正直的小倭瓜的一个伟大而充满爱的计划通过他的"四把火"实现了，让我们明白"只要人人都献出一点爱，世界将变成美好的人间"。

另一位同学则化身赤兔马，自述道：

我是赤兔马，浑身上下像火炭一般赤红，没有半根杂毛；从头至尾，长一丈，从蹄至顶，高八尺。你可别小看我，我日行千里，嘶喊咆哮时，可有腾空入海的气势，走在水上就像走在平地上一样。

我前后帮助了四个主人。

第一个主人是董卓。他不怀好意，想称霸天下就遇到了吕布这个"劲敌"，所以他为了让吕布归顺就把我送给了吕布，于是他便成为我的第二个主人。

吕布英俊威猛，头顶束发金冠，身穿百花战袍，肩披唐猊铠甲，腰系师蛮宝带，手提画戟，可谓是百战百胜。他最有名的一次战斗可要数大战刘、关、张三人了。张飞独自挑战他，根本不能取胜，加上关羽，也只打成平手，直到三人一起混战，我的主人这才招架不住败退下去，由此可看出我的第二位主人英勇无比！只可惜他有勇无谋，贪图小利，从而导致了自己在白门楼战中的死亡。他对妻子百般呵护，对手下的军士不管不问。他也太依赖我，那次，曹军放水淹城楼，众将前来报告，他却不以为然说他有我，所以用不着怕。就因为他对众将的冷淡，导致众将叛变，捉住了他，并降于曹操，我也就归属了曹操。

曹操这个人呢，虽然足智多谋，可也有占国之心，被刘备察觉。

刘备背叛他后,他决定攻打刘备时,顾忌关羽英勇无比,就想方设法地留住关羽。他虽答应关羽去找刘备,却不停地送关羽礼物想挽留他,就这样,我又归属了我的第四个主人——关羽。

你说四个主人中,我最喜欢谁呢?当然是大名鼎鼎的关羽关云长了。他身高九尺,面如重枣,唇涂脂,丹凤眼,卧蚕眉,相貌堂堂,威风凛凛。我刚认识他时,只以为他和吕布无大差别,也是有勇无谋之人,没想到他义重如山。曹操给了他那么多好处,他毫不动摇,在追随刘备时,一路过五关斩六将,才得以相会。他不仅能战还足智多谋,从不鲁莽行事,可惜啊,一次大意使他丢了性命。

于是我又归于马忠,可我没有像之前那样驯从。是关羽让我认识到了什么叫义重如山,在与他同行时我认识到关羽当我的主人是最合适的。当我听见这句"我与刘皇叔桃园结义,发誓匡扶汉室,岂肯与你们这些叛汉的奸贼为伍!我今天误中奸计,只有一死了之,何必废话!"时,我震撼了,他面临死亡还不忘当时结义时的誓言!这一句誓言令我把他视作我永远的主人,我必须忠实于他!

这位同学很不简单,小小年纪已把《三国演义》精读了好几遍。她把主人公的自述没有定为三国时代的领军人物曹操、刘备或孙权……而是一匹立下赫赫战功的赤兔马。这个自述角度令人耳目一新。从赤兔马的眼中反射出董卓、吕布、曹操、关羽之间的矛盾和斗争。人物性格鲜明,文笔老到,这跟她静心阅读,勤于思考是分不开的。

让学生捧着"成果"回家,得到收获和笑声,学生的阅读愿望更会欲罢不能,他们将会更主动地飞到阅读这个广阔的天地里自由翱翔!

金点子11. 多元思考的习惯

童老师的话

——认知的提高

思考不是独立的，情景式的带入，有了学生的设身处地，有了学生的感同身受，故事画面和文字就鲜活起来。多元思考拓宽了学生的阅读思路，改变了思维方式，提高了他们对世界的认知，让他们可以更加理性客观地去看待问题。阅读是一种乐趣，愿孩子们享受其中。

妙招集纳 2

激发阅读的思维

读书最重要的应该是思辨的过程，没有辨别行为就没有独立思考的能力。虽然辨别有时在某一个阶段会有相对的错误，但随着不断地阅读，不断地思辨，这种正反对错，会在后期不断地进行矫正，最终形成自己的人生观和价值观，这才是真正读出了效果。

近几年，我们学校大力实践探索研究：如何培养和提高学生的思辨性阅读。学生们在老师的指导下，认真地阅读了很多经典书籍。我们读了《木偶奇遇记》《夏洛的网》《小公主》《大草原上的小木屋》《鲁滨逊漂流记》等。在阅读过程中，老师指导学生们"读写要结合"，让学生熟悉文本，引导学生理解和思辨作品。通过细读、理解和笔记的过程，学生基本读懂了故事，也产生了自己的一些思考。

童园经典 37

质疑是阅读的良师益友

传统的教学模式主要以被动接受为主，填鸭式的学习模式致使学生的创造性思维和思辨能力都受到了限制。我们学校的老师都会鼓励学生在阅读中提出自己的意见和看法，在遇到自己不清楚和不明白的问题时多问几个为什么。自己不清楚的问题一定要弄清楚，而不是被动接受标准答案。

课间，听到教室里传来阵阵吵闹声。老师不禁眉头一皱，怎么回事？走上前一看，恍然大悟。最近，同学们的晨读时间是集体阅读《汤姆·索亚历险记》，有趣的故事情节深深吸引了同学。同时，也引起了一些爱动脑的孩子质疑：听话的孩子一定都是好孩子吗？不听话的孩子就一定是坏孩子了吗？当一位同学提出了自己的疑惑，结果一石激起千层浪，班级里炸锅了。

老师赶紧出面让大家安静下来，来说说自己心中好孩子的标准。

有孩子说："我心中好孩子的标准就是成绩要好。""光是读书好，不是成了书呆子了吗？我觉得多才多艺的才是好孩子。""好孩子要敢闯，要勇敢才行。"一男孩忍不住反驳道。一位女同学马上说："敢闯就是鲁莽，好孩子就是要听爸爸妈妈和老师的话。"小徐同学说："不能说汤姆是一个坏孩子。他不过是贪玩了一点，如果他稍微乖一点，肯听姨妈的话，那就更好了。但是汤姆的身上有我没有的优点，那就是独立、勇敢。我就像一只不会飞的小鸡，而他就是展翅翱翔的小鹰，我自叹不如。谁说听话就一定有出息呢？"

同学们满脸疑惑地看着老师，老师微笑着说："同学们，你们说的都有些道理。其实，好孩子是没有标准的。但老师希望的好孩子首先要诚实正直，还可以是汤姆那样的独立勇敢。你们说说汤姆还有什么优点呢？"

"自理能力、创造能力强。"

"天真活泼。"

"克服自己的缺点，知错能改。"

学生们仍旧表现出意犹未尽的样子。老师听到这里，内心跌宕起伏。谁能小看这群才读三年级的孩子？他们思考的问题毫不逊色于任何一个成人。

这是老师初步引导学生进行思辨的探索。虽说是很不完善，还有很多改进的地方，他们还不能充分理解书中每个人物的思想，思辨也只停留在表面，但老师除了收获一丝欣喜，也收获了一种莫名的感动。

那一会儿时间给老师带来的感悟很深：这才是学生们喜欢的阅读方式啊。他们正尝试着质疑、尝试着思考，在寻找着自己满意的答案。

童园经典 38

阅读中理解沉浸中反省

"读思结合、读写结合"，是要求学生细读文本。"细"怎么评价呢？不妨检验作品中的一些关键性细节，一问便知。

我班学生喜欢玩"故事情节大比拼"游戏。读完一本书，选一节阅读课的时间，学生之间互相提问书中细节，谁看得细致，一问便知。很多细节,你不读是不知道的;一旦读了,也就很容易记住。要让学生熟悉一部作品,需要细读的功夫。

为了让学生熟悉故事的情节和内涵,老师让学生以不同的"视角"讲述或"改写"故事。再如,站在某个人的视角叙述这个故事,故事就会呈现不同的风貌。老师是让学生在"读写结合"的过程中,通过细读、理解和改写来熟悉文本,理解主题。这个过程,其实是在引导学生理解和思辨作品。

当每本书读完,就引导学生提问,从多个角度思考同一个问题,这样就拓展了学生的思维。

例如,读完《木偶奇遇记》引出思辨点:小木偶匹诺曹来到欢乐国,欢乐国里全部都是小孩子,每天不必上学,也不必工作,只是玩,真是十分快乐。小木偶匹诺曹在快乐国里尽情地狂欢,你喜欢这样的生活方式吗?联系实际生活,你是否愿意这样生活?这样的生活方式值得吗?

读完《夏洛的网》提问:为了救威尔伯这只落脚猪,蜘蛛夏洛舍弃了自己的一切,包括她的生命,你赞成这样的做法吗?为什么?

读完《小公主》提问:我们在成长的旅途中,可能会面临着多变的生活。联系生活实际,如果你遇到平坦的道路和需要磨炼的坎坷道路,你会怎样去面对?为什么?

读完《大草原上的小木屋》提问:小木屋虽然简陋,却充满了爱,装满了幸福,他们感到无比温馨。幸福,它不在远方,就在我们身边,幸福来之不易。你有没有珍惜或忽视过身边的幸福?你会怎样做去接受幸福?

老师要尽量鼓励学生在阅读的时候能够读思结合,读写结合,并把自己思考的问题分享给同伴或者老师,从而促进其他同学的思辨能力。这是一种良好的多元阅读和深度阅读的习惯,不仅能吸取阅读中的长处,还能甄别其中的内容,读写相长。

童园经典 39

比较与对话中形成观点

当我们在充分关注学生、培养学生的思辨能力时，可以在学生回答问题，特别是回答显得比较独特时询问学生的思维过程，并给予肯定。观点的最后形成很关键。你不断质疑，不断求证，但若不能形成自己的观点和判断，那么，你的思维依然还停留在零碎和片面的层面，说明你的思维还是有限的。形成自己的观点，是理性精神和思辨能力的集中表现。

这天，老师带领大家再次细细品读了《鲁滨逊漂流记》。

老师提出问题："鲁滨逊在荒岛上创造了生存的奇迹，请大家结合书中内容，试着用'从鲁滨逊……中，我感受到他是……的人'来说一句话。"

学生纷纷发言。

老师夸奖同学们说得都很棒！面对人生困境，鲁滨逊的所作所为，显示了一个硬汉子的坚毅性格和英雄本色。

我们在阅读了《鲁滨逊漂流记》以后，鲁滨逊面对命运的态度，给我们带来不少启示。但老师也发现其实有的小朋友是有疑惑的，谁想说？

一位学生站起来提出自己的疑惑：鲁滨逊出生于体面的商人家庭，原本完全可以听从父亲的安排去学法律，由此过上安逸的生活，可他却放弃了这一切，宁愿去探索冒险，过着动荡的日子，这样值得吗？

老师说：相信小朋友们心中一定有了自己的选择，有了自己的答案。不值得，是因为——（学生答）他家庭条件优越，完全可以听从父亲的安排去学法律，由此过上安逸的生活，他却要选择去荒岛冒险，我想不通。

值得，是因为——（学生答）他想到自己在这个荒岛上可以过上自己想要的生活，他虽然面对了种种的困难，但是他并没有放弃，这正是鲁滨逊内心渴望冒险、渴望刺激的表现。

老师：鲁滨逊毕竟是小说中的人物。来，让我们回到现实生活中。在我们的学习生活中，你是安于现状，自我满足呢，还是勇敢寻找突破口，不断挑战自我？你会选择怎么做呢？请你们遵从内心，实事求是地告诉大家。

学生畅所欲言，纷纷表达了自己的观点。

赵梓宇同学颇有感触地说：

高尔基说："一个人追求的目标越高，他的才力就发展得越快，对社会就越有益。"在我们的学习生活中也是这样，我们应该不断挑战自我，而不是安于现状。只有挑战自我，才能不断地接近成功。就拿我学习英语的事情来说吧：我第一次接触英语是在幼儿园的时候，我并没有意识到学习的重要性，也学得马马虎虎。进入小学，我发现英语成了每天必学科目之一，看来得重视起来了！经过半个学期的努力，我的名次终于排在了班级前五。我有点想放松自己了，可妈妈说：你还不能自我满足呀，前面还有很长的路要走，还得加油。是的，我不能安于现状，我要不断挑战自我。又让妈妈给我报了个"新概念英语辅导班"，我要不断提升自己。

李子宁同学联系自己，袒露地说：当我听到这学期当选班干部的条件是争得大雁章和蜜蜂章各15枚时，我便决定要努力争取。

课堂上，我积极举手发言，认真思考老师的问题，作业认真完成，但由于有时管不住自己，学习成绩还不够理想，所以失去了一个又一个得章的机会。看见几位同学都戴上了标志，而我还是差一口气，我就想：既然争章有难度，就干脆放弃吧。

金点子11．多元思考的习惯

我又想起了贝多芬。他耳朵聋了，这在他与梦想之间隔了一道无法逾越的鸿沟，但他没有放弃，付出了常人难以想象的努力和艰辛。他的故事深深打动了我，我现在的困难和他相比实在是微不足道，我应该重拾信心，继续我的争章之路。在老师的帮助下，我的努力终于成功了，奋进让我梦想成功。

随后，老师进行了总结：同学们说得很有道理。在我们的生活中，总会遇到大大小小的困难，我们都不应该被生活、被自己困在原地，要学会向困难挑战，不断挑战自我，争做生活的强者。这便是我们今天再次细读《鲁滨逊漂流记》的意义所在。

在带领学生进行阅读时，阅读过程就应该是一个不断质疑，不断思考，不断探究的过程。发现问题、提出问题和解决问题都是一个艰难的过程，培养学生的思辨能力需要长时间的训练。作为童园的教师，需要注重培养学生的思辨能力，只有在小学就开始培养学生的思辨能力，才能为其今后的学习打下扎实的基础。

童老师的话

——思辨的演绎

当然，我们的学生因为人生经历的关系，受到很多的局限，面对问题，幼小的孩子们孱弱的思辨能力经常会犹如"墙头草"般两边倒。老师们除了做到相应关注，还应考虑儿童视角，蕴含教学价值，让学生隐性和显性的思辨智慧得以精彩演绎。

思辨是迫使学生思维一点点走向深入的非常重要的方法。一个个思辨点能够形成一条条思维链，迫使学生不得不去更全面地思考问题，更深入地研究文本，更准确地表达自己的观点。这样的学生肯定是一个极具阅读力的学生。

妙招集纳 3

强化阅读的交流

新课改以来，我们童园的语文老师比过去任何时候更加重视课外阅读。我们深深知道仅凭小学语文教材中的 300 篇左右的文章，是远远达不到《新课标》中明确规定的小学阶段 145 万字的阅读量的。班级书友会，就是在这样的背景下新兴起来的事物。它让学生在自主、合作、分享的氛围中，阅读共同的材料，分享心得，讨论观点，吸收新的知识，激发新的思考，进而促使学生阅读素养的全面提升。

童园经典 40

大有魔力的班级书友会

学生们升入三年级了。开学后，老师决定在班级成立书友会，目的是为了孩子们能在书友会中形成互补的状态，给阅读量较少、阅读能力有待提高、阅读习惯正在养成的孩子提供一个良好的发展平台。

老师先让孩子们提议或毛遂自荐书友会会长候选人名单，再进行无记名投票选举产生了七位会长，然后让这七位会长"招兵买马"。要求是：

采取异质分组的原则，将智力类型、认知风格、个性差异较大的五名学生分为一队。每个书友会都有书源报告员、读书笔记负责人、活动记录员、小队宣传员等岗位，分工明确，会长协助老师全权负责小队的所有事宜。书源报告员负责报告新发行的一些优秀的读物。读书笔记负责人指导、督促成员用自己的方式勤做阅读笔记，并做好笔记检查工作。活动记录员及时、准确记录小队每次的活动过程。小队宣传员负责汇报、宣传本队的阅读动态。明确的分工既保证了书友会活动的有序进行，又增强了成员的主人翁意识，在自己的能力范围内，得到最大的发展。

班级书友会成立，各成员明确了分工，并不是万事大吉了。要保证活动正常开展，还要制订详细的活动计划，老师还要指导各个书友会开展工作。书友会的第一次活动可谓热闹非凡，大家都积极献计献策，为小队取一个有意义的名字和响亮的口号。一开始，他们还没有完全领会小队的名字、口号与读书之间的关系。于是老师告诉他们："书友会的名字既要方便记忆，区别于其他书友会，又要有一定的意义，表达你们读书的愿望。口号既要与名字有联系，又要能表达你们对阅读的理解和热爱。"这么一指点，学生们仿佛在黑夜中寻找到了光亮一般，立刻明确了方向。不一会儿，各种新奇有趣的名字和寓意深刻的口号就呈现在大家眼前了：

奔跑书友会——读书就像在奔跑，每一次都要争分夺秒，当你到了终点，你就知道了读书的意义。

宝藏书友会——每本书都是一个宝藏，让我们一起探寻吧！

翱翔书友会——翱翔书的世界，了解更多新知识。

……

书友会的第一次活动让老师深刻体会到，虽然书友会活动给予学生充分的自由，但教师仍在活动过程中起主导作用。因此，在制订阅读计划时，老师首先请各书友会在会长的安排下制订出阅读计划，再将计划书交给老师审阅，老师会对计划书中的具体操作给予一定指导，并定期了解各书友会的阅读进程、阅读感受，保证各书友会活动顺利进行。其次是确定活动地点，本班教室、思辨教室、操场小花坛、趣阅坊都可以作为活动地点，根据内容而定。最后确定时间，我们利用每周的阅读课进行班级书友会活动，课余时间，各书友会也随时灵活地开展活动。

由于老师是将不同层次的学生分为一个书友会，因此基础好的、学习兴趣浓的学生可以带动和感染其他同学，使基础差、兴趣低的学生受到激励和帮助，形成以强带弱、以弱促强的格局，促进每一个学生在自己原有的基础上获得进步，培养阅读兴趣和能力。

在书友会活动中，要求每位成员至少发言一次，指定每组派出最需要帮助的一名同学作为宣传员汇报、宣传本会的阅读动态。小组中能力强的同学总是立即投入到阅读指导中去，而作为宣传员的能力稍弱的同学因为担任了本组的汇报、宣传工作，又有"智囊团"协助，自信心大大增强了。阅读动力有了，阅读的兴趣自然也比以前提高了许多。

小书虫书友会里，小宋同学和小陆同学的综合素质相对较弱。起初，会长和部分成员都不大喜欢他俩，觉得他俩读书少，交流少，在书友会中没什么作用。老师分别找来会长和这俩同学谈话。老师告诉会长："作为一会之长，应该团结同学，他俩能力弱，你就得号召其他同学帮助他俩，他俩的进步就是你们书友会的进步。"老师也告诉这两位同学："别人越是认为你们不行，你们就越要努力做好，老师、同学都会帮助你们的。"两边的工作做通了，书友会内部的合作互助也就圆满了。正所谓"只要功夫深，铁杵磨成针"，他们现在都成了阅读活跃分子，无论是口语表达能力，还是写作能力，都有所提高。

由于书友会人数不多，活动时间、地点灵活多变，所以活动形式更是不拘一格。书友会常用以下形式展开：

一、书友会成员将自己在课外阅读中获得的知识、信息，在书友会内宣讲。数年前，美国书商协会研究表明，选择书籍的一个最普遍的理由，常常是从友人处得到的信息。因此，老师经常鼓励学生在书友会中多谈论阅读过的书籍，并开展"向你推荐一本书"的活动。由各个书友会成员根据自己的喜好共读一本书，在会中进行交流，然后将这本书推荐给全班同学，并说明书的内容和自己的收获。往往这样推选出来的书很快便在同学间流传开来。

二、书友会成员以汇报的形式，诵读他们在阅读中发现的美文、好句。形式多样，有时是集体朗诵，有时是成员轮诵，还有边诵边评，在诵读的过程中，充分体会语言文字的魅力、和同伴共读的快乐。

印象最深的是在"文化滋养"闭幕式上，著名儿童文学作家秦文君老师百忙中抽空参加了我们中队召开的主题队会"走近秦文君"的活动。秦文君老师的到来，令孩子们欣喜若狂，激动万分。"浪花"书友会打起"滴答"竹板来，鲜活的人物跳出来；轻柔优美的乐曲里，"百灵鸟"书友会把《野菊花》的故事娓娓道来；"猜猜我是谁"游戏让秦文君做了一回有意思的裁判；"柯探"书友会的演技惟妙惟肖；"小书虫"们开了一个小型赛诗会，情真意切；"翱翔"书友会的"才富大考场"证明了：知识就是力量，智慧带来才富，没商量！队员们充分施展了自己的才能，面对名人，面对电视台的摄像，个个登台亮相表现得落落大方，非常出色，台下阵阵掌声，更使队员们的热情高涨。

三、在书友会中交流，在阅读手册中写下"阅读收获"，或是有关读书的手抄报，并选派代表进行全班交流。

这些多种形式的阅读活动，为学生搭建了一个舞台，能让学生在书友会中自由地、饶有兴趣地阅读、讨论，通过自己的活动实践获得知识，得到提高。

孩子们天生就争强好胜，通过一定的评价措施来激发他们的竞争意识，无疑会事半功倍。老师在实践中发现，只要善用评价，那将会激发书友会会员极大的阅读热情。

奔跑书友会的会长最有创意。他为了激励队友积极读书，参与活动，制作了一张队友活动表现卡，用"★"数量记录各成员在每次活动中的表现情况。这张卡使小队的同学们既是合作伙伴，也是竞争对手。一学期过后，奔跑书友会以出色的表现被评选为"书香书友会"，成为其他各书友会学习的榜样。

小宇同学是个小书迷，周末去书店是他雷打不动的固定活动。每次习作，他的笔下总能流出精彩的语句。《童园童言》上时有他的文章登出。在家里，他的妈妈还专门备有一本《小宇"语录"》。同学们都喜欢找他借书看，他也特别热心为队友们服务。"小小书虫"当然是非他莫属。

书友会的创设，让5班的读书活动焕发出从未有过的生机，学生对于阅读的兴趣空前高涨。在班级开展书友会活动，正是张扬了人的主体性，真正把学生视为个性鲜明的生命个体，从而调动学生的阅读兴趣，充实学生的知识储备，让学生真正爱上阅读。

童园经典41

别样的读书交流添新意

童园小学5班的孩子们，自班级读书会成立之后，一直有在学校共同读书、假期相约读书的好习惯。在这个过程中，孩子们既体验了共读一本书的诸多活动，又领略了自由读书的畅快！这个暑假，孩子们纷纷享受了读书的快乐。他们在假期里，不仅撰写了自己读书交流的演讲稿，还相约小伙伴一起精心制作了交流课件。开学之后，便在班里进行了一番别样的读书交流。

周一午间，老师对同学们说："孩子们，童园小学的学生从小遨游在浩瀚的书海中，不愁文字功底，不愁开口讲话。不过我们可以尝试着把难度稍微提高些，可否用演讲的形式向大家汇报读书心得？"老师看着同学们在窃窃私语，接着话题微笑着说，"不过演讲毕竟不同于随便说说，还有一个表演的能力展现。我们可以这么开头：同学们，大家好！今天由我们浪花书友会来给大家演讲。大家知道朱自清吗？他是我国现代著名散文家，作品有《荷塘月色》《背影》等。下面，我们组为大家朗诵一段他写的《春》。"因为《春》正好是大家一起诵读过的经典美文，老师就随机请了浪花书友会上台为大家演示。浪花书友会的同学很大方，小组五人一同上台，一字并排站开，有感情地朗诵起来。

盼望着，盼望着（做眺望的动作），东风来了，春天的脚步近了。一切都像刚睡醒的样子，欣欣然张开了眼（做刚睡醒的样子，在伸懒腰）。山朗润起来了，水涨起来了，太阳的脸红起来了……

也许是突然被请上台表演，没有准备，孩子们还是有些不习惯的，表情有些不自然，声音也不够自信。老师又点拨了几句："记住，演讲时要面带微笑，用自己的真情去感染所有的听众。从下周起，我们午读时间都将安排五分钟的读书演讲活动，每一组书友会都将登台演讲。演讲内容就是你们假期相约阅读的成果汇报，可以是古今中外名人轶事，可以是名言警句、精彩片段。"

学生开始了演讲前的准备阶段。他们跳出了课本，跳出了课堂，广泛涉猎有价值的演讲资料，既丰富了知识，又开阔了视野，为演讲扩展了空间。

浪花书友会在假期里读了不少书，特别给大家推荐了《第七条猎狗》；小机灵书友会向大家交流分享的是《时代广场的蟋蟀》，既有宏观的解读，又有细腻的心声，让同学们习得甚多；大海书友会的交流内容非常丰富，准备也很充分，一番值得聆听的话语深深吸引着同学们；小书虫书友会他们阅读了《丰子恺儿童文学选集》后，落落大方，侃侃而谈自己对书的理解以及对生活的感悟，更是引起了大家的共鸣；宝藏书友会对《鲁滨逊漂流记》这本书分享得理性而又具体，锻炼了他们的表达能力，更拓宽了大家的视野……还有好多孩子都有自己丰富的读书生活和独特的读书收获，既让大家大饱耳福，又拓宽了大家的阅读知识面。

一次别样的阅读交流，不仅丰富了班级书友会的内容，更激励了孩子读书的兴趣。以孩子的视野读书，以同龄人的观点品书，以集体的力量谈书。5班的书友会还在进行，孩子们依然在阳光明媚的日子里与书相伴！

童园经典42

让闲置的图书飞扬起来

周四午间，天空阴沉，飘着小雨，但5班教室里，人头攒动，热闹非凡。原来这是由班级书友会开展的"让闲置图书飞扬起来"的书籍交换活动。

"图书交换活动"是为热爱读书的同学们搭建一个以书会友的平台。在老师的帮助下，书友会会长带领同学们一起制定了图书交换的宗旨和规则，确定宗旨为：分享、信任、传播。

活动当天，虽然天下着雨，但丝毫不影响大家换书的热情。由学生课桌拼成的摊位上摆放着近百本等待交换的图书，有经典名著，也有畅销热卖书籍，如《帅狗杜明尼克》《窗边的小豆豆》《波普先生的企鹅》，等等。同学们热情高涨，纷纷拿出自己收藏的图书来到摊位上摆放，并且早早地候在摊位前等着活动开始，好挑到自己心仪的图书，生怕晚了自己喜欢的图书就被别人换走了。

活动的亮点在"抢书"游戏环节。请每位参加活动的同学抽取一张书签，背面有两道文学常识题，只要答对一题就可以选择一本喜欢的图书。有位男同学一道题都答不出来，很遗憾没有获得优先选择权，他抱怨说题目太难了，是会长故意为难。在场的各位读书会小会长们一一为他解答，并打趣道："看吧，都是书里看到的知识，还说我们是故意为难？来，这张书签送给你啦！时刻提醒自己要多读书！"这话引得大家哈哈大笑。

在活动中，老师及时了解孩子们的交换图书情况。老师发现交换阅读是一件快乐的事情，同学换到了自己心仪的那本书，又找到了图书的原主人，他们会心一笑，快乐加倍。在交换阅读过程中，总有学生对老师说："老师，这本书太好看了，我想和好朋友一起看，好吗？""老师，我要把这本书推荐给我妈妈看，她也会喜欢的。""老师，可不可以……"这时候，不再需要老师过多的语言，这份快乐已经融进孩子们的心中。交换的图书变成了伙伴间、亲子间的一座桥梁，把彼此的心紧紧地联系在一起，彼此了解，彼此信任，共同享受着读书的快乐，共同感受着优秀文学作品的魅力。正是交换一本图书，结交一位朋友。

淡淡清风送来缕缕书香，图书交换活动获得了学生们的一致好评，大家觉得参加这样的图书交换活动很有意义。在换书活动中，同看一本书的同学有了共同话题，感到很开心。大家还能把闲置的图书更好地使用，觉得很有意义，希望以后能多开展类似的活动。

虽然换书活动暂告一段落，但是阅读的脚步不会停止。通过图书交换平台，让更多经典好书得以传播和阅读，吸引更多师生加入读书行列中来。

童老师的话

——同伴的共读

书友会就是以共同的读书目标聚集在一起的小团体，成员之间以书会友，共同开展阅读活动。在老师阅读计划的统领下，把阅读自由交给各个书友会，通过书友会中同伴共读，促进每一个队员的进步，关注每一个队员的成长。阅读的时间更加灵活，阅读的内容更加自主。

妙招集纳 4

浸润阅读的文化滋养

2016年"世界读书日"到来之际，我们民办童园实验小学隆重举行了由学生共同创作的首本《童园童言》春季版发布会。这是一本多么令人期待的书刊，这是一个心灵交流的舞台，这是一个思想相互撞击闪耀出智慧火花的园地。在这里，文字演绎着多彩的世界，文字彰显着智慧的气息，文字燃烧着生命的活力。

《童园童言》是"文化滋养主题活动"的一个阶段性小结。每个学期至少出版一期，每期有一个活动主题。我们鼓励童园的每一位学子积极投稿,当然也得到了孩子们的强烈反响。我们还陆续出版了《我的体育梦》《我的科学梦》《爱,从小开始》《我们和树共成长》《有梦想更有行动》《探秘博物馆》等系列书刊。孩子们最期盼的就是每个新学期的第一天,一起从老师手中接过见证他们阅读足迹的《童园童言》。于是,他们就会静静地读书,轻轻地诉说心语。在书中,孩子们心存关爱,放眼世界,回眸历史,体验情怀,走近名家,走近名著。读书,就像照镜子,从此让孩子们更加珍惜自己的生活。

童园经典 43

读 自 己

"我想上《童园童言》"实现啦

"看到自己的作品和名字被刊登在《童园童言》上,特别激动和自豪!那心情真是无法形容呀!"小涵同学说,她为了征文能入选,平时认真阅读书籍,随身携带一本摘抄本,随手记录自己在阅读过程中的所思所悟;小明同学觉得,自从有了《童园童言》以后,大家对阅读的兴趣增加了,无形中也养成了阅读的好习惯;小竹同学觉得《童园童言》激励自己多读书,不断向别人学习;小张同学则发现在《童园童言》上,大家可以交流自己喜欢的书,这不仅拓宽了阅读视野，而且能够增长见识……

当看到第一期《童园童言》出版，小陈同学的文章没有被收录在册后，她就燃起了一股斗志，每次征文她都积极投稿，当然由于水平有限，还是没有被收录。因此，她曾气馁地想过放弃，最终在老师的帮助鼓励下，她重新振作起来，坚持不懈地阅读写作，并继续向《童园童言》投稿。随着年级的升高，小陈同学的写作水平也在提高，而且一次比一次写得精彩。功夫不负有心人，《童园童言》上小陈同学的名字就多次出现了。

面对这样一份成功的喜悦，小陈同学有着更深的体会，觉得正是因为自己不断地阅读，不断地读好书，才能写出优美的诗文，才会有这么明显的进步。

静读·细思·成长——阅读心路

12月的阳光照得每张小脸红扑扑的。学校举行了"静读·细思·成长——再遇《童园童言》"的文化滋养系列活动。

在活动中，一幕幕场景浮现眼前：老师的谆谆教诲让自己温暖感动，丰富的阅读活动让自己体验成长，可亲可爱的伙伴让自己品尝友情，精彩纷呈的课堂让自己收获学识，书香阅读让自己知书达理。通过评选，一批小朋友获得了"成长之星"的荣誉称号。孩子们一致认为要一起带上成长的决心，在童园——书香校园中茁壮成长！

在活动中，老师先引导同学们通过体验三个阶段的活动，见证自己的成长。第一步：静读——"阅读静悄悄"活动。在静静的再次阅读中，回忆曾经参加过的"文化滋养"系列活动，重温快乐，寻找收获。第二步：细思——"我思我悟"活动。细细思考，将过去的自己和现在的自己进行对照，悟出自己在童园的收获和成长，并用文字记录下来。第三步：成长——开展"遇见童园"主题班队活动。在活动中实现思维的碰撞，分享自己在童园的成长故事。

孩子们在"遇见童园"主题班队活动中，纷纷谈了自己的成长体会。有的说：成长是每个人经历的蜕变，是岁月玩的奇妙游戏，我们不知不觉中，成长了，懂事了。有的说：我们在书香中成长，在活动中成长，在课堂中成长。有的说：我们是在伙伴的帮助下成长的，更是在老师的关爱下一点点成长起来。

孩子们还分别从阅读、活动、课堂、伙伴帮助、老师关爱这五方面选择一个点，生动地讲起了自己的成长故事。

小马同学讲起了他的故事：

那天，我要写一篇关于"坚持"的作文，但是要从哪里开始写呢？爸爸眯着眼问我："到现在，你坚持做过最久的事情是什么呢？""练琴。"我答道。妈妈顺着我的话题问："你还记得都去过哪些地方演出吗？"我开心地说："在上海大剧院参加过曹鹏爷爷的慈善演出。在大家面前表演，有点紧张，也很光荣！"妈妈微笑着说："你看，你台上一分钟，台下十年功！你之所以有演出时的光荣，就是因为你坚持时付出的努力！"我恍然大悟："对呀，如果把这些经历和感受写成作文，分享我在坚持中的付出与荣誉，一定会很有趣的！"我用笔端正地在纸上写下了"坚持"这两个字，仿佛它们在闪闪发光。我想，我应该记住坚持带来的感动，我会把坚持变成我做事的永恒动力。

孩子们这真挚的感悟打动了同伴，更是打动了老师。孩子们在不知不觉中长大了呀！

孩子们，老师想对你们说：正是因为有了烦恼，有了困难，我们才会想要去冲破它，克服它，我们才有了前进的动力和勇气。请抓住现在的每一分每一秒，让生命的每一时刻都散发出属于自己的光芒。乐观主动地对待每一天，相信明天会更好。

《童园童言》给孩子们搭建了一个展示才华的平台，充分让他们在这里表达阅读的快乐与收获，调动孩子们热爱文学艺术的积极性。

童园经典44

读 他 人

待到感悟时，精读编演中

2018年春季，文化滋养系列活动开展的主题是"我们和树共成长"，这是解读名人背后故事的主题活动。在为期两个月的读书活动中，师生共同开展了：1. 阅读名人传记，绘制思维导图；2. 交流名人历程，强化成长共性；3. 朗诵传记片段，再现书中情节；4. 寻找名人名言，聆听有声历史；5. 选择触动瞬间，记录内心思绪等活动。活动激发了学生阅读兴趣，提高了阅读质量，培养了良好读书习惯。

三（5）班老师带领全班同学选了《岳飞传》为精读书目。为了激发学生阅读兴趣，老师在指导学生阅读时，初步进行了认知水平结构范围内的纵横发展，使学生温故而知新，多方面地掌握历史知识。

老师向学生讲解了如何精读《岳飞传》。这本书起码要阅读两遍以上，第一次阅读容易被故事情节、人物名称分散注意力，反复阅读有利于我们关注细节，发现以前从未注意到的，值得花时间去精读的细节部分。因为就我们三年级学生的个人理解和记忆能力来说，阅读一遍是不会有太深的理解和太大的收获的，所以需要重复阅读，常读常新。

那一本重要的书要读几遍才比较合适呢？答案是至少要读三遍！读第一遍时，仅有模模糊糊的印象；等读了第二遍，才会有清晰的轮廓及具体的认识；读了第三遍之后，才能融会贯通，并可掌握书中的精髓。

其实，当我们读完第一遍故事后，老师就指导学生去了解作品的背景知识。学生通过查阅资料了解到：岳飞生于1103年，辛于1142年，字鹏举，今河南省安阳市汤阴县人。中国南宋爱国军事家，民族英雄，中国历史上著名的抗金名将。岳飞作为中国历史上的民族英雄，其精忠报国的精神深受中国各族人民的敬佩。其在出师北伐、壮志未酬的悲愤心情下写的千古绝唱《满江红》，至今仍是令人士气振奋的佳作。其率领的军队被称为"岳家军"，人们流传着"撼山易，撼岳家军难"的名句，表示对"岳家军"的最高赞誉。绍兴十一年十二月二十九日，秦桧以"莫须有"的罪名将岳飞毒死于临安风波亭。学生对这些知识了解后，深入理解这部作品就不是那样难了。

其次，师生理清故事的脉络，开始尝试绘制思维导图了。

有学生从岳飞的廉洁奉公上理清脉络：

衣——全家均穿粗布衣衫。

食——与士卒同例，部队补给艰难时，则"与士卒最下者同食"。

住——茅屋军帐，与士卒同甘共苦。

财产——被害抄家时，总家产只有三千贯，显然也是准备用于军队的。

犒赏——战时，南宋对军队犒赏极厚，岳飞从来不取一文，全数分给将士。

有学生从岳飞严以律子、厚以待人上理清脉络：

严格——岳飞对子女教育很严。要求他们每天做完功课后，必须下地劳作。

除非节日,不得饮酒。勉励儿子们"自立勋劳"。仅用了一次"恩例",还是为张所之子张宗本而用。

有学生从岳飞令出如山、赏罚分明上理清脉络:

岳家军的口号——"冻死不拆屋,饿死不打掳。"

令出不行者斩——损坏庄稼,妨碍农作,买卖不公……斩!

民众欢欣围观——"举手加额,感慕至泣。"

赏罚分明——士卒伤病,岳飞亲自抚问;士卒家庭困难,让相关机构多赠银帛;将士牺牲,厚加抚恤外,还"以子妻其女"。

如此赏罚分明官兵同心的军队,自然是"撼山易,撼岳家军难"。

有学生从岳飞文才横溢、极具政治智慧、武略非凡上理清脉络:

文才横溢——数十首诗词足以说明。

宁折不弯——不愿意谄媚逢迎权贵,更不愿意在国难之时迎合谈和派,屡次上书反对高宗与秦桧的投降行为。

精擅各种兵器——年少时枪术就"一县无敌",长大从军后更是从未逢敌手。

达到了宋朝的最高射箭纪录——三石,还具有极佳的准头,可谓"勇冠三军"。

战略战术高明——提出了结连河朔的方针,并取得了极好的成效。

学生还通过地点转换、重要人物介绍、重大事件列举等角度对《岳飞传》做简要介绍,通过这样的分析,相信学生们应该知道岳飞是一个怎样的人了。

一本传记我们读得很细致,那么接下来老师就要带领学生朗诵传记片段,再现书中情节了。根据学校要求,我们的诵读节目一定是在5到8分钟之间。那么如何把一本书中的精华提炼出来,精彩地展现给大家呢?那就要进行编剧工作。

任务交给学生后,发现由于学生知识的缺乏,刚开始只是按文字表面意思，编得很简单，演起来也就不可能打动人。再改编时老师提出，不一定非要照搬文中人物的对话，要注意挖掘文字的内涵，只要能为主题服务的，可以对文字内容适当增减。文章里一些能突出人物性格的对话及有关动作要在剧本里体现，注意突出其作用。

大家讨论了剧本的主题和剧情，接着在教师的指点下决定诵读岳飞的著名诗词《满江红》来渲染主题，配以琵琶独奏、武术、舞旗等艺术形式衬托主题。学生齐诵："驾长车，踏破贺兰山缺。壮志饥餐胡虏肉，笑谈渴饮匈奴血。待从头、收拾旧山河，朝天阙！"成了画龙点睛之笔，使大家回味无穷。

这样一来，学生编得更起劲了，常会为了一个细节的处理争得面红耳赤。学生想编乐写，连平时见作文就头疼的学生都乐此不疲。

剧本编完，就开始排演了。刚开始排练时，学生光有表演冲动，而毫无舞台经验：人物性格把握不准，出场入场混乱，旁白交代不清，道具准备不足，各环节衔接不够紧密。怎么办呢？时间非常紧迫。"他山之石，可以攻玉"，经过一番苦思冥想之后，老师决定让学生向影视剧取经，再适时引导：人物对话、动作及表情的表演是重点，应掌握好语调语速、节奏及停顿，配合相应的动作和表情，最大限度地突出人物性格，推动情节发展。

学生在排练时也非常努力。扮演岳飞的王彦冉同学把影视剧中的岳飞形象作为自己创造形象的参照，把别人对形象塑造表现的技巧与自己的努力结果相对照，不断调整充实，使形象更为丰富。这对一位从未学过表演的三年级学生来说，无疑是有一定难度的。最后，在他不断模仿、训练、交流、磨合、创新中体现出较好的表演效果，把握了人物的形象。

在"六一"专场表演上，王彦冉等同学把故事中的人物鲜活地跳了出来，诵读得慷慨激昂，令台下观众热血沸腾。孩子们充分施展了自己的才能，面对台下那么多观众，面对老师和家长，丝毫没有怯场，个个表现得落落大方，非常出色。真为孩子们感到骄傲！

在选、编、演的过程中，学生从不知到知，从不会到会，他们的创造思维和解决问题的能力得到了很大的培养和提高。如此再现书中情节的编演活动，我们原本目的在于让全班学生在想编要演的高涨情绪中，积极主动阅读课外书籍，这一招果然奏效。他们因选章节需细致阅读书本，为了能让自己在编演中高人一等，他们咬文嚼字，反复揣摩，逐渐提高对文章主题的感悟，这样就保证了阅读的质量。读书真的变成了一种生活的需要！再也不是应付差事，草草了事。

现在，学生们都喜欢沉浸在书的世界中。望着他们微笑投入的神情，老师知道，他们是真的感受到了阅读的乐趣。日子一天天过去，阅读成了孩子们心目中跟吃饭一样理所当然的事情了。

童园经典 45

读 世 界

透过博物馆领略中外风

在"国际博物馆日"来临之际，"文化滋养"品牌系列活动之"探秘博物馆"活动开始啦！"探秘博物馆"是围绕"文化自豪、国家情怀和世界视野"三个维度而设计的综合活动课程。

为期三周的"文化滋养"品牌系列之"探秘博物馆"活动中，孩子们通过线上线下相结合的方式，多维度多领域地对故宫博物院、俄罗斯艾尔米塔什博物馆、大英博物馆、土耳其托普卡比皇宫博物馆、上海博物馆进行了探秘活动。

它融合了多学科和多领域，打破了空间与地域的限制，为学生提供线上线下博物馆的学习。

线上，科学老师带领孩子们一起探究"木乃伊防腐""光与影"等的奥秘，感受人类智慧；美术老师带领孩子们共同鉴赏"元青花"，见证当时我国和西方文化交流的盛况。孩子们知道了木乃伊的制作和存放方式；尝试了在珍珠白的素坯上用孔雀蓝勾勒出线条；采用了网络搜索的方法选择他们感兴趣的专题系列，有针对性地挑选各色藏品。孩子们在探秘中感受了人类智慧，见证了古时我国和西方文化交流的盛况。

线下，老师和家长志愿者共同带领孩子们走进上海博物馆，分年级阅读"钱币""玉器""青铜器""瓷器""书画"类文物的知识，近距离触摸祖国历史长河中的瑰宝。在家长志愿者专业的讲解下，孩子们或倾听、或思考、或提问，做足攻略，智慧分工，讲解生动。家长志愿者的讲解令孩子们在意犹未尽中懂得了文物藏品背后的生动故事。

参观上海博物馆后，英语老师帮助学生共同阅读线上英语介绍。儿童哲学课上，班主任老师组织学生通过交流思辨，明晰"'一带一路'对中国发展的意义"，明晰"不放弃本民族文化传承的重要"等，从而激发学生生成发扬中国传统文化的自豪感和使命感。

在闭幕式上，孩子们纷纷用情景剧、TED 讲台、双语交流等形式展示了他们各自的学习成果。每个中队在家长的积极支持和配合下，纷纷把教室布置成了仿博物馆的样子，有活泼的土耳其博物馆、典雅的中国青花瓷馆、恢宏的故宫博物院……孩子们纷纷用充满中国元素的文艺表演来汇报这次对探秘博物馆课程的收获与喜爱，真是收获满满，快乐无比！

在《童园童言》之《探秘博物馆》征稿时，同学们积极踊跃地参加投稿，文章质量也很高。

小芸同学在征文中写道：

《国家宝藏》是我最爱看的节目，游览各博物馆是我最喜欢做的事。历史的年轮滚滚向前，文明在不断地进步，最让我印象深刻的是参观苏州御窑金砖博物馆。馆内除保存各时代真正的金砖外，还特别保留了两座建成年代久远的御窑。古窑并不算是稀有之物，但能够冠上"御"字却实属罕见。让我印象最深刻，是因为有一座古窑至今仍然使用，能亲自参与制"金砖"，难能珍贵。中国文化源远流长，它们是先辈留给我们的精神财富，是中华民族的魂，是我们的信仰。寻金砖，探文化，传承是我们的责任。

小宜同学写道：

从小到大无数次来上博，每次都被它深深地吸引。想象一下在古代没有先进的制作工具，全靠工匠的一双手就能打造出这样精美的东西，足以体现了中国古代高度发达的手工业水平，当时的艺术造诣，人民的无穷智慧。上博让我知道了许多关于中国的历史、科技、文化、文明和艺术，也让我感受到中华文明的博大精深，为自己作为一个中国人而感到骄傲。

小郑同学写道：

不知不觉中，一天的参观游览就要结束了。我回头凝望身后的博物馆，深深感受到中国的古代文物是一个个时代的象征。瓷器也好，青铜器也罢，都沉淀了中华五千年的文明，诉说着历史的沧桑。我为中华民族灿烂辉煌的文化感到骄傲！

"文化滋养活动"分享交流既是一个互动的过程，也是一个投入爱的过程。显然，此时的分享交流，已经不需要老师太多的参与，只是在必要的时候给予帮助即可。此时的老师都会为孩子的认真与努力而感动，相信用这种精神去做事情，没有任何事情会难倒他们的。

书中知识有限，只有眼观耳听才能补其不足。参与社会实践是促进学生"知行合一"的有效途径。读书不止，行路不止，童园的学子在路上。

童老师的话
——阅读的分享

培根说过："如果你把快乐告诉一个朋友，你将得到两个快乐，如果你把忧愁向一个朋友倾诉，你将被分掉一半的忧愁。"分享能带给人们精神的充实与快乐。《童园童言》就是一本可以让全校同学一起分享自己阅读收获的书籍。它让孩子们分享阅读，让孩子们体悟知行。

每一本《童园童言》都是一个驿站，回顾过去，展望将来，愿书香陪伴每一个孩子的成长。

金点子 ⑫

方法运用的习惯

　　阅读是有方法的，也是有技巧的。掌握阅读方法及其技巧，对于孩子们把握阅读方向、理解书本内容、提高阅读效率、获得思想感悟，具有重要作用。阅读方法与技巧的学习应循序渐进，在课本教学中予以学习外，更要通过大量的课外读本的阅读，来加以巩固提高。方法与技巧的掌握习得具有较强的实践性，需要孩子们多读、好问、善思考、勤练习，进而达到熟能生巧、融会贯通，为读懂理解书本如虎添翼。

妙招集纳 1

理解的阅读（1）——读懂每一词语

要理解阅读的内容，首先就要理解每一个词语。一篇文章是由一连串的词语组成的，如果对词语的意义和用法含糊不清，那么对文章内容的理解就会流于肤浅，甚至造成误解。

童园经典 46

联系生活实际法

有些词语就是我们实际生活中的一个客观事物、一种现象、一种体验，我们可以联系生活来理解词语。

如《武松打虎》中有这样一句话："武松走了一程，酒力发作，热了起来，一只手提着哨棒，一只手把胸膛敞开，踉踉跄跄，奔过乱树林来。"这里的"踉踉跄跄"是什么意思呢？这个词语平时不太用到，孩子无法用语言来表述。除了查字典，最能够帮助孩子准确理解的方法还有什么呢？这时，两个孩子的对话引起了我的注意："有一次，我的爸爸喝酒喝多了，走起路来，跌跌撞撞的，很不稳，仿佛要摔倒的样子，这就是踉踉跄跄吧。"一个孩子说。另一个孩子马上点头附和："是的。我爷爷也喜欢喝酒，有一次酒喝多了，走起路来，跌跌撞撞的，很不稳，还被我奶奶嘲笑了呢！妈妈说这就是跟跟跄跄。"

对了，生活是最好的老师。我大声问同学们："你们有没有看见过喝酒喝多的人是怎样走路的？或者电视电影里醉汉走路的样子？"这句话犹如在平静的水面投入了一块石子，一下子激起了层层涟漪，孩子们七嘴八舌，把自己生活中见到的"跟跟跄跄"用语言表达出来"走路跌跌撞撞的，很不稳"。怎么样？联系自己的生活，这个词语理解起来就容易多了吧？

童老师的话

——展开生活场景

如，"遥远的北京城，有一座雄伟的天安门，广场上的升旗仪式非常壮观"。其中"雄伟"的意思如果单纯用语言表达十分困难，那么怎么可以让孩子理解这个词语的意思呢？我们可以找找天安门的图片，让孩子们观察观察，谈谈自己的感受；还可以让孩子联系自己的生活，想想哪些建筑让我们觉得很雄伟。通过孩子们的交流，大家就能感受到"雄伟"就是"高大雄壮，气派很大"。

又如，"爷爷60岁大寿那天，前来贺喜的人络绎不绝"。这里的"络绎不绝"联系生活实际，就是那些人很多的场面。那我们就可以让孩子想一想：你在生活中的哪些场景看到人们络绎不绝？音乐会、旅游景点、上学的路上等，都可以看到人、车来来往往，接连不断。那"络绎不绝"的意思也就迎刃而解了。

再如，"图书馆里，同学们正沉浸在书的海洋里。一位男同学在伏案疾书，时不时皱起眉头想着什么"。这里的"伏案疾书"就可以让孩子想一想：在图书馆里人们看书的样子，教室里同学们写字的样子。联系生活实际，很快就能理解这里的"案"是桌子、课桌的意思。"伏案疾书"就是上身靠在桌子上，快速地写。

通过联系实际生活，有很多词语都能轻而易举地得到解决，学生阅读起来也轻松了不少。

童园经典 47

词素拆解法

我们可以先逐个分析词语中每个词素的字义，然后再合起来理解。

《养花》中有这样一个词语"置之不理"。读到这个词语，我们发现"不理"很好理解，就是不理会，不理睬。而"之"在很多地方都指"它"的意思。三个字已经理解了，剩下一个"置"可以联系文章想想它的意思。放在文章里可以明显感受到"置"是放、摆、搁的意思，整个词语合起来的意思就是"把它放在一边不管"。通过把词语中的每个词素拆开来，一字一字地理解，然后再合起来，整个词语的意思就很容易理解了。

又如"不屑一顾"这个词语，很明显就是可以先理解"屑"和"顾"的意思。"屑"这个字平时不常用到。我们就可以借助字典——这位无声的老师帮忙。从字典里可以查到"屑"的解释为：① 碎末；② 琐碎；③ 认为值得。那这里选择的就是解释③，再放到词语中，整个词语可以解释为"认为不值得一看。形容极端轻视"。

童老师的话

——可先拆再合

以"无价之宝"为例，我们可以把这个词语拆开来，一字一字理解。无：没有的意思；价：价钱，价值的意思；之：指的；宝：宝贝。把词语连起来就是没有办法计算它的价钱的宝贝，指极珍贵的东西。

随着孩子识字量的不断增多，用词素拆解法来理解词语也成为他们最常用和最喜欢用的方法之一。如"翘首以盼"这个词，拆开每个字，我们就会发现"翘"是"抬起，仰起"的意思；"首"指"头"；"盼"指"盼望"。整个词语的意思是仰着脖子盼望着出现，比喻很急切地希望看到某人、某事、某物的出现。

再以"不以为然"为例。这个词语要拆成的词素是"以为"和"然"。"以为"的意思是"认为"；那"然"的意思就可以查查字典，得到"对"的意思。连起来整个词语的意思就可以解释为"不认为是对的"。

先逐个分析词语中每个词素的字义，然后再合起来理解整个词语的意思是不是很方便可行？

童园经典 48

近义词或反义词置换法

汉语中的词汇是非常丰富的，有些词可以用意思相近的词语来代替，有些词则可以用意思相反的词来进行对比理解。如"窜"这个词语，我们可以把这种不常见的、难理解的词语置换成生活中经常出现的词语"乱跑"，这样词语就解释好了。又如"蜻蜓的眼睛很大，结构很复杂"。这句中的"复杂"可以用它的反义词"简单"，再加上"不"，就是"不简单"来代替。

童老师的话

——能换个词语

这个方法其实就是换个词语来解释。看到"听着动听的音乐，我心旷神怡"这句话，你的脑海里是否出现了"悦耳、婉转、动人、好听、美妙"这些词语，对呀，这些词语都可以解释"动听"的意思。

"春天到了，我们去郊外欣赏美丽的景色。"看到"欣赏"，你想到了哪些和它意思相近的词语，是不是"观赏、观看"？嗯，这就是"欣赏"的意思。

再看"井绳在井沿上磨出的一道道深深的印痕，告诉我们这是一口古井"。这里的"印痕"可以用"印迹、痕迹、印记"来解释。

童园经典 49

词义引申法

有些词语不能单从字面上去理解，要联系上下文，结合特定的语言环境来解释词义，即它们的引申义和比喻义。

如在阅读革命故事的时候，我们常常会碰到"地下革命党"一词。其实"地下"一词大家都知道它的含义，但在"地下革命党"中，"地下"则指隐藏自己的真实身份，不被敌人发觉。那这样的词语我们就不能单从字面上去理解，要联系上下文，结合特定的语言环境来解释它的意思。

再如："我虽然未见叶老先生的面，却从他的批改中感受到他的认真、平和以及温暖，如春风拂面。"按照字面理解"春风拂面"是指春风从脸上轻轻擦过，但这里用来形容叶老先生的批改怎么会是"春风拂面"的呢？这时，我们就要联系上下文来理解，原来这里是指叶老先生的批改使我感到非常愉快、舒服，就像春风拂面的感觉。

童老师的话
——应"关联"理解

在学习"千钧一发"这个词语的意思时，我们可以通过查字典理解"钧"的本意为三十斤，千钧的意思即为三万斤。整个词语的意思是"千钧重物用一根头发系着"。但是，这样的理解肯定不够，我们还得指导孩子想想这"千钧重的东西吊在一根头发上"说明了什么？动动脑筋，想一想，就可以看出"千钧一发"的意思是"比喻情况万分危急或异常要紧"。

在《我的伯父鲁迅先生》中"我"和伯父的对话中有"碰壁"一词。"可是到了后来，碰了几次壁，把鼻子碰扁了。""碰壁？"我说，"您怎么会碰壁呢？是不是您走路不小心？""你想，四周围黑洞洞的，还不容易碰壁吗？"这里"碰壁"的意思是碰到墙壁，但结合当时的时代背景来理解，可以知道"碰壁"在文章中暗指与反动势力做斗争时受到的挫折和迫害。

再说一个词语，"琢磨"的意思是雕琢、打磨（玉石）。有一句句子："我不止一次地观察过羊吃草，也不止一次地琢磨上面的这些问题，要是我们在学习中像小羊吃草那样，那我们还有什么知识学不好呢？"这里的"琢磨"是什么意思呢？从文中作者引发的一个个思考、一个个问句看，我们可以知道这个词语当然是"思考；探究"的意思。

童园经典 50
联系上下文，打通理解环节

众所周知，语言是很复杂的。它不仅具有抽象性，还具有多义性。阅读时要在词语所可能代表的各种意义中找出它在句中的特定含义，才能正确理解。要做到这一点，只有结合上下文来理解，离开了具体的语言环境，是不行的。

如在阅读《向沙漠进军》一文时，文章中有"不毛之地"这个词语，当时有孩子按词素拆解法理解词语，觉得这个词语应该解释为"没有毛发的地方"。这样的解释肯定是不确切的，引起了有些孩子的哄笑。这时，一个孩子举手说，文章中有另外一句话"沙漠所到之地，森林全被毁，田园全被埋葬，城郭变成废墟"，这些话语就是解释了"不毛之地"的意思，不生长草木庄稼的荒地。对呀！所以联系上下文，从文章中找到有关的语句也不失为一个很好的办法。

童老师的话
——会串上下文

在阅读《我和我的小伙伴》一文中遇到"齐心协力"这个词语，孩子们很难用规范的语言来解释。通过查字典，这个词语解释为"形容思想一致，共同努力"。可是这样的解释有的孩子并不理解，怎么办呢？这时我们就可以借助文章，联系上下文中的有关句子，"唤来了我的小伙伴""流到木船下""肩并肩，手挽手"等词语引导孩子想象当时小水滴和伙伴们解救干枯的禾苗共同使劲、一齐用力托起了木船的情景。那么"齐心协力"的意思也就出来了，就是"心往一处想，力朝一处使"的意思。

童话《七颗钻石》中有"喜出望外"这个词语，孩子们读到这个词语就觉得是高兴，那就仅仅理解了"喜"的意思。这时，我们就可以引导孩子联系前文描写的内容：小女孩为了生病的母亲到处去找水，可是哪儿也找不到水，她累得倒在草地上睡着了。一觉醒来，她发现罐子里竟装满了清凉清凉的水。通过对这些内容的阅读，孩子们就自然而然地理解了"喜出望外"的意思，就是由于没有想到的好事而非常高兴。真正弄懂了"喜出望外"这个词语的意思。

杜甫的《曲江二首》里有"点水蜻蜓款款飞"这句诗，句中的"款款"就可以联系蜻蜓飞时的样子，想到蜻蜓是慢慢地飞的。所以"款款"就是"慢慢"的意思。

妙招集纳 2

理解的阅读（2）——读懂每一句话

要掌握文章的大意，我们除了从整体上对文章内容要有初步印象，还要深入到文章的各个局部，研究作者如何用词造句，组句成段、组段成篇，文章有几层意思，最后才能对文章的主要内容和表达的思想感情有深切的体会和整体的理解。文章是由一句句话组成的，因此读文章应该读懂每一句话。尤其是一些关键性的句子和比较难懂的句子，更要认真思考。

童园经典 51

联系上下文，抓关键词语

一句句子里词语很多，但最能表达句意的词只有一两个或几个，这就是一句话的关键词语。如果能理解关键词语在句子中的特殊意义和感情色彩，再联系上下文，整个句子的意思便清楚了。

在学习《伟大的友谊》时，文中有"他们讨论各种政治事件的科学问题，一连谈上好几个钟头，各抒己见，滔滔不绝，有时候还进行激烈的争论"一句话，这句话如何理解？

当时，孩子们读到这句话，简直就是一头雾水，不知道从哪里入手。我发现句子中"各抒己见""滔滔不绝"这两个词语需要孩子们准确理解，而这两个词语也是理解句子的关键词语。因此，我先让孩子们想想"各抒己见"和"滔滔不绝"的意思。孩子们通过自己喜欢的方法，知道"各抒己见"的意思是各自发表自己的意见；"滔滔不绝"是指像流水那样毫不间断，指话很多，说起来没个完。这时，我又抓住了"激烈争论"这个词，让孩子说说。通过交流大家知道，"激烈争论"是指马克思和恩格斯声音高亢激昂地发表自己的意见，互相辩论。

　　在弄清这几个词语的基础上，我让孩子们把整句句子联系上下文来想一想，这句话想告诉我们什么？大家通过抓住这三个关键词语讨论、交流，体会到：马克思和恩格斯在讨论问题时，各自充分发表意见，说话时连续不断，为把问题讨论清楚，还发生争论，这说明他们有严谨的科学态度。也为上文"更重要的是他们在共产主义的事业亲密合作"做了具体说明。

童老师的话

——看懂前后文

　　还记得阅读课外读物老舍的《草原》一文，有一个孩子来问我："老师，这句'在天底下，一碧千里，而并不茫茫'是什么意思呀？"我们不是一直说"茫茫的草原"吗？是呀，"茫茫"的意思已经学过了，是广大而辽阔的意思。但这里又说"一碧千里，而并不茫茫"。难怪孩子们要读不懂了。那联系上下文呢？从文章中是不是能找到答案呢？我让孩子再读读文章，看看文章中是怎么描写的。

"四面都有小丘，平地是绿的，小丘也是绿的。羊群一会儿上了小丘，一会儿又下来，走在哪里都像给无边的绿毯绣上了白色的大花。"通过联系下文，孩子们一下子理解了这句句子：天底下，满眼绿色，富于生机，并不让人觉得空间过于空阔、辽远，并不让人觉得天下之大，一片荒凉。

在学习茅盾的《鸟的天堂》一文时，文末"'鸟的天堂'的确是鸟的天堂啊"这句话是全文的重点，理解了这句句子就理解了文章。我们同样可以采取这样的方法来理解。这里的关键词语是什么呢？带引号的"鸟的天堂"、的确和不带引号的鸟的天堂。通过学习，联系上文，孩子们发现"鸟的天堂"是指当地对那棵住满鸟的大榕树的称呼；而鸟的天堂就是鸟类的美好的生活环境。"的确"的意思就是"确实，完全确定"。那么这句话的意思就是说：那棵被人们称为"鸟的天堂"的大榕树，枝繁叶茂，郁郁葱葱，让这么多的鸟儿在里面生活得自由自在，幸福快乐，它确实是一个鸟儿生活的美好环境啊！

在学习《鲁迅与时间》这篇文章时，鲁迅对待时间的两句名言同样可以先抓住关键词语，再联系上下文来理解。因为如果仅仅抓住字面的意思，学生的理解还是肤浅的，表面的。如学习"时间，就像海绵里的水，只要愿挤，总还是有的"这句句子，可以抓住关键词语"愿挤"，让孩子做做海绵挤水，理解"愿挤"的意思就是"抓紧，不放松"。接着读读文章，找找与句子有关的课文内容，通过联系课文内容，孩子就能理解这句话的意思是：海绵里能不断挤出水，繁忙中也能挤出时间，时间是掌握在人的手里的。一个人只要抓紧，再忙也会有时间。

童园经典 52

联系时代背景

阅读文章要联系文章写作的时代背景，才能领会它的含义。

在学习《詹天佑》一文时，文章一开始就写："1905年，清政府任命詹天佑为总工程师，修筑从北京到张家口的铁路。消息一传出来，全国轰动，大家说这一回咱们可争了一口气。"可现在的孩子哪能理解为什么一个中国工程师在自己的国土上修筑一条铁路会引起这么强烈的反响呢？当时就有一个孩子提出了疑惑。

其实这句话联系当时的时代背景就不难理解了。于是，我就请孩子来读读当时修筑京张铁路时的时代背景。"京张铁路修筑于清朝末年。当时的中国正处在半殖民地半封建社会，受着帝国主义者的欺负，科学技术又很落后。当清朝政府一提出修筑京张铁路时，帝国主义就百般阻挠。他们要挟说：如果清朝政府用本国工程师修筑铁路，他们就不再过问。在这种情况下，詹天佑毅然挑起了修筑铁路的重任。"读完当时的时代背景，孩子们顿时对这一句话的理解更深刻了，他们觉得这句话充分表明了当时中国人民扬眉吐气的心情和中国人对詹天佑的希望。

童老师的话

——了解文章背景

在阅读课外读物《我给江主席献花》一文时，文中"我就像一个失散多年的孩子重又回到了母亲的怀抱,顿时感到一股暖流流遍全身"。要理解这句话,肯定也要了解当时的时代背景:这件事发生的时间是香港回归祖国的前夕。那就要让孩子再查阅一下有关香港的资料。通过查阅资料,孩子就能知道香港这个"游子"在经历了百年的风雨后终于要回归祖国母亲的怀抱,孩子们一下子就能理解了这里"失散多年的孩子"指的是香港。而"母亲"指的是我们伟大的祖国。那么这句话的意思就很容易理解了:香港就像一个失散多年的孩子,重又回到了祖国母亲的怀抱,顿时感到一股暖流流遍全身。

又如,在《难忘的一课》中的句子:"我是中国人,我爱中国。"这句句子的理解也离不开对时代背景的了解。当时台湾刚刚光复,被日本人统治了五十年,许多台湾人不会说中文,不会写中文,他们重新学习祖国的语言文字。"我是中国人,我爱中国"出自被日本人奴役了五十年的台湾同胞之口,表达了台湾师生浓厚的民族精神和强烈的爱国情意,表达了"我"强烈的热爱祖国的思想感情!

在学习《泼水节的怀念》一文,理解文中"阿岩和阿果闭上眼,幸福的热泪和着净水一起流着……"这句话,我们首先也是要了解泼水节是傣族最隆重的节日,也是云南少数民族节日中影响面最大,参加人数最多的节日。泼水节是傣历新年。再了解周恩来是新中国的首任总理,他与人民血肉相连,心心相印,他的一生先天下之忧而忧,后天下之乐而乐。为了新中国,他常常日理万机,晚上只睡几个小时。联系课文,孩子们就能理解"满载着周总理深深祝福的满满的一钵净水从阿岩和阿果的脊梁和头顶浇下,他们感动得闭上眼睛,热泪盈眶,接受总理的美好祝福"。

童园经典 53

用缩句法读懂长句

有些句子附加成分多、句子较长，可以用缩句的方法，先抓"主干"，剔去"枝叶"，然后再分析这些"枝叶"的作用，逐步深入理解句子的意思。

例如：在《看不见的爱》中"那位妇女坐在草地上，从一堆石子儿中捡起一颗，轻轻递到孩子手中，安详地微笑着"。这是一句长句子。孩子们在读句子时，我就发现孩子们读得比较拗口，那对于理解肯定也会有一定困难。灵机一动，我就带着孩子们一起找找句子中的"主干"——谁干什么。有了小提示，孩子们阅读起来就方便多了。大家都能很清楚地剔去"枝叶"，知道这句话就是写那位妇女把石子儿递到孩子手中。为什么文中要这么具体地写"从一堆石子儿中捡起一颗，轻轻递到孩子手中，安详地微笑着"呢？再联系上下文读一读。孩子们一下子就明白了，这句话告诉我们母亲对孩子深深的爱。

童老师的话

——学化长为短

在《真正的愤怒》中有这样一句句子："一个小姑娘拿着一个特制的大瓢，在每一棵小树苗根上小心地滴上一点点水，那动作好像是在轻轻抚摸睡梦中的婴儿。"大多数孩子理解的时候也是遇到了困难。这时，有一个孩子举手说："我知道这句话的意思，这句话是告诉我们小姑娘特别珍惜水，她生怕有一点点的闪失，浪费了宝贵的水。"对呀，这个孩子怎么理解得这么深刻？我追问道："你怎么知道的呢？""我就是先找到句子中的主干——小姑娘在每一棵小树苗根上滴水。然后，想了想为什么这个小姑娘要小心地滴水，她的动作像是在轻轻抚摸睡梦中的婴儿？联系上下文，我知道了这句句子想告诉我们小姑娘很珍惜水。联系文章第一节，西北地区很缺水，我就更肯定了自己的想法。"这个孩子滔滔不绝地说着。用缩句法读懂长句，的确能够帮助孩子更深入地理解句子。

在《勤奋自学成大器》中描写华罗庚克服困难自学的句子："寒冬腊月，他仍然看书写字到深夜，手脚冻得冰冷发僵都全然不顾；酷暑季节，屋子里热得像蒸笼，他依旧挥汗如雨地读书，不停地演算。"这句句子比较长，也可以采用这样的理解方法。先用缩句法抓住句子的"主干"：华罗庚看书写字到深夜，不停地读书，演算，是突出时间；"寒冬腊月、手脚冻得冰冷发僵、酷暑季节、屋子里热得像蒸笼"，是为了说明当时环境的恶劣；而"仍然、都全然不顾、依旧、不停地"，则说明华罗庚的刻苦努力，坚持不懈。这句句子的意思是华罗庚面对困难，毫不退缩，仍然顽强刻苦地学习。

而在《叙利亚的卖水人》中有一句，"他们或站在购物中心，或站在马路旁边，身上挂着一个形似葫芦的巨型铝制水壶，手执笛子，放在嘴边，'咿咿唔唔'地吹出一支又一支幽幽怨怨的曲子。"这句长句子采用缩句法，主要讲了他们吹出一支又一支的曲子。描写地点、水壶的形状是为了说明卖水人卖水的招数奇特。这句句子的意思是卖水人为了招揽生意，想尽办法来吸引顾客。

童园经典 54

注意修辞手法,理解句子内在含义

有些句子使用了修辞,如比喻、拟人、夸张等,表意生动形象。理解这类句子时,我们把它还原到一种平实质朴的表达形式,往往就找到了答案。例如,比喻句我们就从喻体入手,还原其本体意义,找到了本体意义,答案就浮出了水面。

《我的战友邱少云》中的"为了整个班,为了整个潜伏部队,为了这次战斗的胜利,邱少云像千斤巨石一般,趴在火堆里一动也不动"这句句子,运用了两种修辞手法——排比、比喻。在理解的时候,我先让孩子们找找排比部分,孩子们说:"为了整个班,为了整个潜伏部队,为了这次战斗的胜利。""这里用排比的修辞手法来写,说明了什么呢?""是为了说明邱少云不动的原因。""同样的道理,这里的比喻部分又是想说明什么呢?大家可以讨论讨论。"经过刚才排比修辞手法的学习,孩子们很快就能找到比喻部分是把邱少云比作千斤巨石,也很快就能知道比喻部分说明了邱少云意志坚强。整个句子就是表现了邱少云为了整个班、整个潜伏部队和这次战斗的胜利他严于律己、勇于献身的精神。

童老师的话

——懂修辞释义

在阅读《轮椅上的霍金》一文中,有"霍金读文献时,必须让人将每一页平摊在一张大办公桌上,然后驱动轮椅如蚕吃桑叶般地逐页阅读"的一句话,这句话就是用了比喻的修辞手法来写。对于这句话的理解,我们就要抓住比喻句"驱动轮椅如蚕吃桑叶般地逐页阅读",通过抓比喻句,孩子们就能读懂这里的比喻是把霍金读文献比作了蚕吃桑叶,形象地写出了霍金读文献时的如饥似渴,对学习的渴望。

记得在学习《狼牙山五壮士》一文时,文中"顿时,石头像雹子一样,带着五位壮士的决心,带着中国人民的仇恨,向敌人头上砸去。山坡上传来一阵叽里呱啦的叫声,敌人纷纷滚落深谷"这句句子,孩子们就很好地运用了抓住修辞手法,先弄清句子的意思,再理解句子的含义,理解了文章所要表达的感情的方法。

当时,一个孩子举手说:"这句话作者用的修辞手法是比喻,作者把石头比作了冰雹,这样写的目的是说明石头砸下非常密集,非常迅猛,非常有力,体现出五位壮士与敌人血战到底的决心。句子中还连用两个'带着'表现出五位壮士用石头砸向敌人时汇聚的力量,从字里行间,我读懂了五壮士对侵略者的无比仇恨以及对革命事业的无限忠诚。"这样的理解十分准确,十分深刻,孩子是真正理解了文章内容。

还有在学习《真正的愤怒》一文时,"她双手捧着那碗,像捧着整个世界一样走到我面前说:'走远路渴了吧,快喝吧!'"这句话对于文章的理解也很重要。孩子们还是运用了这种方法,先找到作者所用的修辞手法,然后明白了作者把她捧着的碗比作了捧着整个世界,这样写的目的是说明水在小姑娘的心目中是很重要的。虽然她们很珍惜水,但是对于远道而来的客人,她们还是毫不吝啬地给客人喝。作者在字里行间想表达的是西北地区人民像珍宝一样地对待水，但是很热情，很好客，为下文我们浪费水使她们很愤怒做了铺垫。

童园经典 55

联系文章中心，理解句子意思

在语文学习中，学生常能接触到借物喻人、借物抒情、托物言志、环境衬托等写作手法，其中含义比较深刻的句子，往往是与中心联系最密切的句子，有的甚至点明了中心，因此可以把理解句子同中心联系起来，会使自己对句子的理解更加透彻。

《宋庆龄故居的樟树》中有一句，"人们怀着崇敬的心情前来瞻仰宋庆龄的故居，也总爱在这两棵樟树前留个影，作为永久的纪念。""人们为什么总爱在她故居的两棵樟树前留影纪念"是理解的难点。在学习时，我就引导孩子们去找找这两棵香樟树的外形特点。孩子们通过阅读找到"樟树不高，但它的枝干粗壮，而且伸向四面八方，伸得远远的。稠密的树叶绿得发亮。樟树四季常青，无论是夏天还是冬天，它们总是那么蓬蓬勃勃"。然后我又引导孩子们找找它们的可贵之处："而樟树本身却有一种香气，而且这种香气能永久保持。即使当它枝枯叶落的时候，当它已经作为木料制作成家具的时候，它的香气仍然不变。只要这木质存在一天，虫类就怕它一天，樟树的可贵之处就在这里。"

接着，我请孩子们读读自己搜集到的有关宋庆龄的资料，想一想"樟树与故居主人——宋庆龄"之间有什么关系。通过引导，孩子们一下子就找出樟树的可贵品质与宋庆龄可贵品质的相似之处。

我们不难发现,写樟树实则写宋庆龄,这是一种借物喻人的写法,人们在樟树前留影纪念,表达了人们对故居主人宋庆龄同志的衷心爱戴和怀念。

董老师的话

——巧"望文生义"

1."我呆呆地望着这如火的夕阳,油然而生出一种感慨,一种激动。"(《夕照》)

理解思路:光读这句话,让人不解作者为什么感慨,为什么激动。但是联系课文,这是一篇写景的文章,作者把夕照描写得很美,正是面对这如诗的夕照,让人产生的一种内心的激动与赞美。理解了这句话,也知道它正好点出了这篇文章的中心。

2."可是母亲说'这里的桂花再香,也比不上家乡院子里的桂花'。"(《桂花雨》)

理解思路:是不是像母亲说的这样呢?我们不妨看一看文章中的这些句子:"杭州有一处小山,全是桂花树,花开时那才是香飘十里。"那么,家乡院子里的桂花怎么样呢?"桂花盛开的时候,不说香飘十里,至少前后十几家邻居,没有不浸在桂花香里的。"显然,从香气上看,是没有区别的,甚至小山上因为树多,更显得浓郁。那为什么母亲要这样说呢?"这里的桂花再香,也比不上家乡院子里的桂花。"母亲这句朴素的话写出了对故乡的热爱。

妙招集纳 3

理解的阅读（3）——读懂每一段话

一篇文章，是由若干个自然段组成的。因此，对自然段的理解是理解整篇文章的基础。在指导孩子们阅读课外读物时，读懂每一段话也十分重要。怎样读懂一段话呢？掌握段的结构规律十分重要。一般，自然段的基本结构有以下几种：

童园经典 56

总 分 关 系

段落中的总分关系，就是利用一个概括性的句子写出段的主要内容，然后围绕总起句写出分句，从几个方面加以叙述，其中每个方面可算作一层。它一般有总分、分总、总分总三种形式。

例如在阅读《爷爷的芦笛》这篇文章时，第一自然段是这样写的："在强强的想象里，爷爷的小闸屋是个好玩的地方：碧蓝碧蓝的海水就踩在脚下。白天，成群的海鸟在窗外翱翔；夜晚，天上的星星映在海水中，如千万点萤火闪闪烁烁。更有趣的是，海水长着一大片一大片的芦苇。一张普普通通的苇叶，经爷爷三折两卷，就成了一支芦笛。吹奏起来，曲调是那样婉转悠扬，还带着一股浓浓的海水味……"在指导阅读时，我们先让孩子们数数这一自然段共有几句话，然后让孩子们读读每句话，想想每句话讲了什么。

通过阅读，孩子们发现后面四句话都是描写景色很美的句子。接着，我就问："那你们觉得为什么要这么具体地描写周围的景色和爷爷用苇叶吹奏的曲调？"孩子们纷纷举手说："这一段话先总述爷爷的小闸屋是个好玩的地方，再具体描绘周围景色之美、芦笛曲调动听，来说明小闸屋的好玩。"

"对呀，这样的写段方式就是总分关系，后面的内容就是为了说明爷爷的小闸屋是个好玩的地方。"我把孩子们的发言做了总结。这样的总分关系的段落在阅读时就可以抓住总起句来读懂这一段话。

童老师的话

——读懂总与分

比如阅读《与象共舞》这篇文章时，有这样一段话："在泰北山区，大象是最能吃苦耐劳的劳动模范。它能载重上千千克，单那1米多长的大鼻子就能卷起1 000千克重的东西。山高林密，坡陡路滑，大象从崎岖不平的山上把用铁链缚住的巨木拉拽到积木场。积木场上专门有两头归拢木头的大象，它们呼扇着簸箕般的大耳朵，用两颗长牙一铲，用鼻子一卷，犹如吊车轻轻地把粗大木头夹了起来，按照主人的手势放到指定的位置，横七竖八的木头，很快就给你码得规规矩矩，整整齐齐的。游客还可以骑上象背，在蜿蜒的山道上优哉游哉地逛上一圈，大象会毫无怨言地毫无索取地满足你的要求。"

我们也是采用这样的方法帮助孩子们读懂。首先，我们可以数数这一自然段共有几句话。通过阅读，找到这段话一共有5句话。然后读读每句话，想想每句话讲了什么。孩子们说："第一句话写了在泰北山区，大象是最能吃苦耐劳的劳动模范。""第二句话写了大象能载重上千千克。""第三句话写了大象用铁链把巨木拉拽到积木场。""第四句话写了大象把粗大木头归拢整齐。""第五句话写了大象背着游客游览。"每句话的意思读懂了，接着指导孩子们思考这几句话围绕什么来写的。孩子们一下子就找到了这段话的总起句"在泰北山区，大象是最能吃苦耐劳的劳动模范"，明白了后面的内容都是为了说明这句话的。

再如学习课文《赵州桥》时，第三自然段："这座桥不但坚固，而且美观。桥面两侧有石栏，栏板上雕刻着精美的图案：有的刻着两条互相缠绕的龙，嘴里吐出美丽的水花；有的刻着两条飞龙，前爪互相抵着，各自回首遥望；还有的刻着双龙戏珠。所有的龙似乎都在游动，真像活的一样。"这一段话是按照"总—分—总"的结构来写的，我们也可以采用这样的方式来阅读。

我们可以让孩子们先读读段落，数数有几句话。然后想想每句话的意思。这段话第一句话总述了桥不但坚固而且美观；第二句话分别说了栏板上雕刻的三种不同形态的龙如何精美；最后一句总说这些龙像活的一样。接着想一想，每句话之间是什么关系。通过阅读引导，孩子们就知道这段话主要写了"赵州桥不但坚固，而且美观"。

童园经典 57

并　列　关　系

并列关系是指在一个段落中，分别描述了几件事或从几个方面来说明一种事物，它们层与层之间的关系是并列存在的。

例如："商人夹了大包的货物，匆匆地走下小艇，沿河做生意。青年妇女在小艇里高声谈笑。许多孩子由保姆伴着，坐着小艇到郊外去呼吸新鲜的空气。庄严的老人带了全家，夹了《圣经》，坐着小艇上教堂去做祷告。"这段话是《威尼斯小艇》中的第五自然段。孩子们阅读后，请他们讲讲这段话有几句话，主要写了什么。孩子们略微思考后，就争先恐后地举手。"这段话一共有4句话。第一句话写了商人乘小艇去做生意。第二句话写了青年妇女在小艇里高声谈笑。第三句话写了孩子由保姆伴着到郊外去呼吸新鲜空气。第四句话写了老人坐着小艇去做祷告。""那么这些内容可以换换位置吗？"我接着问。"可以。"孩子们毫不犹豫地说。"那为什么可以换呢？"孩子们胸有成竹地说："因为这一段写了不同的人乘坐小艇去做什么事，是并列的。""那谁来说说，这段话主要写了什么？""这个自然段主要写的是乘坐小艇的四种人。"是呀，这段话很清楚地就是描写了不同的人乘坐小艇时不同的动作，是典型的并列关系的段落。

同样的还有《图书馆里的小镜头》一文，文中第五自然段也是并列关系的段落："一个戴眼镜的小伙子，一边看着，一边伏案疾书，有时还停下来皱紧眉头想着什么，时不时地扶扶那已滑落到鼻梁上的眼镜；一位梳披肩发的姑娘，此时已顾不得去整理那有些散乱的长发，只是用大眼睛在书上贪婪地扫着，不时地甩一下那束垂到额前的刘海儿，看那神情，要是有把剪刀的话，她一定要把那束刘海儿铰了；一位头发花白的老人，鼻梁上架着老花镜，眯着眼睛，把书拿得远远的，显得很费力，但仍旧舍不得把书放下；几个孩子趴在桌上，用手指着字，一字一字地念着，很吃力，却很专注……"

童老师的话
——前后无主次

如《美丽的小兴安岭》中的第四段:"夏天,树木长得郁郁葱葱,密密层层的枝叶把森林封得严严实实,挡住了人们的视线,遮住了蓝蓝的天空。早晨雾从山谷里升起来,整个森林浸在乳白色的浓雾里。太阳出来了,千万缕金光像利剑一样,穿过树梢,照射在工人宿舍门前的草地上。草地上盛开着各种各样的野花,红的、白的、黄的、紫的,真像个美丽的大花坛。"这一段话具体描绘了小兴安岭夏天美丽的景色。我们可以让孩子们读一读后,说说每句话分别写了什么。这四句话分别写了"树木长得郁郁葱葱,密密层层""晨雾从山谷里升起来""太阳出来了,照射在工人宿舍门前的草地上""野花五颜六色,很美丽"。那这些景物描写是为了什么呢?都是围绕小兴安岭夏天美丽的景色来写的。那么这几句话之间是什么关系呢?在指导阅读时,我们只要稍加点拨,引导孩子们关注一下前后的内容,孩子们也能很快读懂这段话句与句之间是并列关系。

再如在阅读《井冈翠竹》时,文章第二自然段:"从远处看,郁郁苍苍,重重叠叠,望不到头。到近处看,有的修直挺拔,好似当年山头的岗哨;有的密密麻麻,好似埋伏在深坳里的奇兵;有的看来出世还不久,却也亭亭玉立,别有一番神采。"我们可以先请孩子们说说这段话讲了什么。有一个孩子说讲了从远处和近处看,井冈翠竹不同的样子。这时,一个孩子举手了,轻声说:"这段话除了写从远处和近处看,井冈翠竹不同的样子,还着重写了近处各种竹子的样子,突出井冈翠竹挺拔、强劲,充满了顽强的生命力。""说得多好啊!这段话先是从远处和近处两个方位来写,再写了近处竹子的形象,用的就是并列关系的结构。"我及时地加以总结。通过阅读,数数句子,想想每句话的意思,思考句子与句子之间的关系,孩子们完全能读懂段落的意思。

《登上企鹅岛》一文的第四自然段也是采用这样的写法,读一读,你能知道这段话主要讲了什么吗?"岛上最漂亮的是金企鹅,嘴是金红色的,头部有两块白毛,又叫花脸企鹅。还有一种企鹅,颈部有一圈黑毛,好像系着帽子带儿,叫帽带儿企鹅。它们彬彬有礼,站在远处向我们点头,像欢迎我们似的。最凶猛的是阿德雷企鹅,我刚迈进它们的'领地',一只企鹅就尖叫着把我驱逐'出境'。它们的叫声很像毛驴,所以又叫驴企鹅。"

童园经典 58

因 果 关 系

这种结构形式往往在一段话中有两层意思,一层写原因,另一层写结果,其表现方式有两种,或先因后果或先果后因。

例如课文《莫泊桑拜师》的第一个自然段:"莫泊桑是19世纪法国著名作家。他从小酷爱写作,孜孜不倦地写下了许多作品,但这些作品都平平常常,没有什么特色。莫泊桑焦急万分,于是,他去拜法国文学大师福楼拜为师。"这一段话就是用了因果关系的结构。我们在指导孩子们阅读时,仍旧先让孩子们数数句子,说说每句话讲了什么。通过阅读,孩子们知道第一句话写了莫泊桑早年虽酷爱写作,但作品平平。第二句话写了莫泊桑拜福楼拜为师。"那这段话只有两句话,谁能说说段意呢?"老师的及时引导,使孩子们开动脑筋,"这段话主要写了因为莫泊桑早年虽酷爱写作,但作品平平,所以拜福楼拜为师。"

再举一个先写结果后写原因的例子。如《真情的回报》一文,最后一个自然段:"骑上这辆崭新的自行车送报快多了。当然,我从没想学会在马路上扔报纸的'绝活',依旧下车把报纸送到每家门口;下雨下雪天,依旧把报纸送进门里。因为我永远记住了:诚实的劳动,换来的是难忘的关怀和爱意。"这一段话前面是结果后面说明原因。我们在指导孩子们阅读时,就可以让孩子们说说为什么把"因为"放后面。通过引导,使孩子们关注到作者这样表达是为了突出原因,同时点明了文章的含义。

童老师的话

——借文辨因果

《富饶的西沙群岛》第二自然段:"西沙群岛一带海水五光十色,瑰丽无比:有深蓝的,淡蓝的,浅绿的,杏黄的。一块块,一条条,相互交错着。因为海的高低不平,有山崖,有峡谷,海水有深有浅,从海面看,色彩就不同了。"这段话就是采用因果关系的结构来写的。我们在指导孩子阅读时,就可以让孩子们说说这两句话分别写了什么,然后让孩子们想想这两句话为什么放在一起写。孩子们明白这段话是告诉大家:因为海的高低不平,所以从海面看,海水的色彩就不同了。这一段话自然而然就读懂了。

再如《金色的草地》的第三自然段:"有一天,我起得很早去钓鱼，发现草地并不是金色的，而是绿色的。中午回家的时候，我看见草地是金色的。傍晚的时候，草地又变绿了。这是为什么呢？我来到草地上，仔细观察，发现蒲公英的花瓣是合拢的。原来，蒲公英的花就像我们的手掌，可以张开、合上。花朵张开时，它是金色的，草地也是金色的；花朵合拢时，金色的花瓣被包住，草地就变成绿色的了。"指导阅读时，我们让孩子们读了、数了句子后，就可以指导孩子们想一想：这段话可以分为几层意思？有孩子回答："三层意思。第一层1、2两句话，写出了草地早上和中午颜色是不同的。第二层3、4两句话，写了"我"为了弄清楚原因，来到草地，仔细观察。第三层5、6两句话，写了"我"知道草地变颜色的原因。"

接下来，我们就可以让孩子们思考：这一段主要讲什么内容？孩子们很快就清楚地了解这段话主要写出了为什么中午的时候草地是金色的，从而帮助孩子读懂了这段话，理解了文章内容。

童园经典 59

转 折 关 系

这种结构形式的段落，前后意思是相反或相对的，中间往往常用"但是、可是、而"等表示转折的词语来连接。

比如在学习《只有一个地球》一文中，第四自然段："人类生活所需要的水资源、森林资源、生物资源、大气资源，本来是可以不断再生，长期给人类做贡献的。但是因为人类随意毁坏自然资源，不顾后果地滥用化学品，不但使它们不能再生，还造成了一系列生态灾难，给人类生存带来了严重的威胁。"中间就用了"但是"这个表示转折的词语，我们在指导孩子阅读时，就特意关注这个词，让孩子想想，在"但是"的前面写的是什么内容？

孩子们通过读，知道"但是"前面是写"原来人类生活所需要的各种自然资源都是可以不断再生的"。再想想"但是"后面写什么内容？后面写的是"因为人类随意毁坏自然资源，不但使它们不能再生，还造成了一系列生态灾难"。理解了"但是"的前、后内容，把它连起来，这段话的主要意思就是告诉读者："原来人类生活所需要的各种自然资源都是可以不断再生，可是因为人类随意毁坏自然资源，不但使它们不能再生，还造成了一系列生态灾难。"孩子们理解了这段话，就能进一步理解文章的中心，只有一个地球，我们要保护它。

童老师的话
——要看转折词

例如《灰椋鸟》的第一自然段："早就听说林场的灰椋鸟多。我想，灰椋鸟尖尖的嘴，灰灰的背，远远望去黑乎乎的，有什么好看的呢？可是一个偶然的机会，我看了关于灰椋鸟的电视录像，就再也忍不住了，决定亲自去看一看。"在指导阅读时，就可以抓住关键的"可是"这个转折词。通过理解"可是"这个词语前、后的内容来帮助孩子们掌握这个段落的主要意思。

我们一起来看看，"可是"前面写了"我想灰椋鸟没什么好看的"，"可是"后面写了"看了关于灰椋鸟的电视录像，我决定去看看"。把两部分的内容结合起来就可以将这一段概括为：原以为灰椋鸟没什么好看的，可是自从看了关于灰椋鸟的电视录像，我决定去看看。

　　同样的，阅读《小虫和大船》这篇文章第二自然段："大船造好了，在海上航行了几年，没出什么事故。可是后来，蛀虫越来越多，船舷和船舱的木板上，都出现了许多小窟窿。"这段话共两句话。"可是"前面的第一句话讲"大船在海上航行了几年没出事故"，"可是"后面的第二句话说"后来出现了小窟窿"。前后情况发生了变化，说明船出现小窟窿的原因是生了蛀虫。这就是转折关系结构的段落。

　　有时，前后两部分内容间没有转折词，但其中的转折关系仍显而易见。五年级的课文《烟台的海》中第一个自然段："中国的沿海城市，东面或南面临海的居多，北面临海的却很少。烟台恰是北面临海。所以便有了一份独特的海上景观。"这一段前后两句间虽没有转折词，然而转折关系一读就可以知道。

　　温馨提示：转折关系的自然段，一般抓转折后的内容概括段意。

童园经典 60

承 接 关 系

　　这种结构的段落，句与句之间的关系是按照所写内容的先后顺序，一层紧接一层连起来写的，前后不能颠倒。有的按事情发展的先后顺序承接，有的按时间顺序承接，也有的按物体变化的过程承接。

　　如《大海的歌》的第一自然段就是按事情发展的顺序来写的：

"早晨,我们一起床就得到通知,今天有船出海。我们马上向码头走去。展现在我们面前的是蓝天、白云、碧绿的海,正从东方升起的朝阳。我们上了船,迎着朝阳破浪前进……"这一段一共写了四句话,是按事情发展的顺序,一句紧接一句写的。承接的顺序是:早晨接到通知,今天有船出海→马上向码头走去→看到蓝天、白云、海、朝阳→上船出海。层次清楚,条理分明。

我们在指导孩子们阅读的时候,就让他们数一数,一共有几句话,分别写了什么,然后连起来说一说这段话的段意,那么孩子们也就理解了这段话。

童老师的话
——抓先后顺序

例如在《曹冲称象》这篇文章的第四自然段,曹冲说称象的方法是"先把大象赶到一艘大船上,看船身下沉多少,就沿着水面在船舷上画一条线。再把大象赶上岸,往船上装石头,直到船下沉到画线的地方为止。然后,再称一称船上的石头,石头有多重,大象就有多重"。就是采用这样的写法,把曹冲称象的过程一步一步写清楚了。我们在指导孩子阅读的时候,可以让孩子们圈出表示先后顺序的词,然后用上这些词语说说曹冲称象的过程。

又如在《大江保卫战》中的第二自然段:"7月27日凌晨两点,九江赛城湖的大堤塌陷了。400多名官兵闻讯赶到。支队长一声令下:'上!'顿时,一条长龙在崩塌的堤坝下出现了。官兵们肩扛沉重的沙包,在泥水中来回穿梭。有的为了行走快捷,索性赤脚奔跑起来。嶙峋的片儿石割破了脚趾,他们全然不顾,心中只有一个念头：'大堤，保住大堤！'狂风卷着巨浪，猛烈地撕扯着堤岸。战士们高声喊道：'狂风为我们呐喊！暴雨为我们助威！巨浪为我们加油！'一个个奋勇跳入水中，用自己的血肉之躯筑起了一道人墙。经过几个小时的鏖战，大堤保住了，官兵们浑身上下却是伤痕累累。'风声雨声涛声，声声震耳；雨水汗水血水，水水相融。'这是人民子弟兵在这场惊心动魄的大决战中的真实写照。"这一自然段是按时间的先后顺序来承接，段落中有明显的表示时间的词语。

　　在阅读时，我们可以指导孩子抓住时间和事情发展的先后顺序的词来帮助理解段落。先找到表示时间的词"7月27日凌晨两点、经过几个小时的鏖战"，再找找事情发展的过程"九江赛城湖的大堤塌陷了→400多名官兵闻讯赶到→官兵们肩扛沉重的沙包→用血肉之躯筑起了人墙→大堤保住了"。这样就能概括出这段话主要写了"当九江赛城湖大堤塌陷时，官兵们闻讯赶到，扛沙包，筑人墙，终于保住了大堤"。

　　再如在《雷雨》一文中，描写雨落下来的一段："雨越下越大。我透过玻璃窗向外望去，天地间像挂着无比宽大的珠帘，迷蒙蒙的一片。雨落在对面屋顶的瓦片上，溅起一朵朵水花，像一层薄烟笼罩在屋顶上。雨水顺着房檐流下来，开始像断了线的珠子，渐渐地连成了一条线。地上的水越来越多，汇合成一条条小溪。"就是抓住了方位变化，把雨落下来的过程写清楚了。我们在指导时，可以让孩子圈画表示方位的词，然后抓住这些方位词来概括出这段话的意思。

　　温馨提示：搞清楚了基本结构段落，我们在读一段话时，就要认真读、仔细想，一边读、一边想。想一想每句话是什么意思，上句与下句之间是什么关系；层与层是什么关系。这样，一层一层地读下去，一句一句地想下去，就能明白一段话所有的句子都是围绕一个什么意思写的，也就读懂了这段话。

妙招集纳 4

理解的阅读（4）——读懂一整本书

阅读这件脑力活，看不见，摸不着。我们没法打开孩子们的脑袋看看里面发生了什么化学反应。但我们都能猜得到，阅读能力强的孩子一定在脑子里默默地做了一些了不起的事，让他们不但能深刻地理解文字，而且还爱上了文字阅读。

我们发现，在指导孩子阅读一篇文章时，要经过由形式到内容，再由内容到形式的一个循环反复、加深理解的过程。因此，我们在指导孩子阅读一本书时，就应该和孩子共同进行深入的讨论。孩子通过对书的讨论，不但能理清困惑、深化理解，还能分享快乐、分享经验，增添阅读的兴趣。如何和孩子进行整本书的阅读讨论呢？

童园经典 61

设 计 话 题

讨论要有话题。话题是讨论的灵魂，一个好的话题，既能反映阅读材料的主题，又能激活孩子的阅读积累和生活经验，触动孩子思维和心灵的琴弦。

有价值的讨论话题着眼于对作品的整体把握和孩子在阅读中产生的认知冲突。有价值的话题产生于孩子的认知冲突。我们发现当所选择的话题与孩子的认知发生一定程度的冲突的时候,孩子们讨论的积极性最为高涨。

《漂亮老师和坏小子》是杨红缨校园小说系列作品之一。在组织孩子们阅读了书籍,在分析小说中的人物"漂亮老师米兰"和"坏小子H4"形象时,我们设计了这样的提问:"这四个H4真是坏小子吗?说说你的理解;你认为他们是什么样子的孩子?""你认为米兰老师是一个怎样的老师?从作品中找出有力的证据;有人说米兰做事不认真,没有资格当老师,你怎么看?"这些问题,与孩子的观点有一定冲突,孩子们当然有话可说,他们叽叽喳喳,有的从书本中找依据,有的结合生活中的实际事例谈自己的体会,还有的甚至把自己与小伙伴、爸爸妈妈的讨论都拿出来谈,阅读的深度一下子得到了提高。

又如低年级阅读的图画书。在阅读《你看上去好像很好吃》(北京少年儿童出版社)这本书的时候,因为书中情节变化往往出人意料,所以很多关键地方我们就可以停下来,让孩子猜一猜,想象下一步会发生什么。通过孩子的想象和书中故事情节的对比,让学生感受到这个故事的温馨与感人。在书的最后,小甲龙跑到山顶的部分,我们就让孩子们想象,接下来会发生什么,然后再让孩子看看书籍上出示的画面,孩子们一下子被感动到了,因为他们想不到小甲龙竟然找到了父母。

一年级的孩子对父母有着强烈的情感依赖,当他们看到这样的场面的时候,一定能把小甲龙想象成自己。其实,整个故事孩子都可能会把自己想象成小甲龙。这样的处理是让孩子联系生活,感受故事中的温情。

根据这样的阅读指导，学生的推理能力能够得到很大的提高。而预测和推论是从已知推理未知的过程，是主动阅读、掌握阅读技能的入门法宝。我们可以指导学生预测和推论，包括从书名、封面封底、插图来预测一本书的体裁和大致内容；从章节目录预测作者将如何编排内容或故事情节大致如何展开；从已知篇章推论人物性格特点并预测接下来可能发生什么、人物会如何应对；发现作者写作的模式，预测下文，等等。

童老师的话
——三个"切入点"

比如，看到书名《汤姆·索亚历险记》，预测这八成是一本小说，探险类，多半是外国的，内容应该是一个叫汤姆·索亚的人的传奇经历；再看封面图片，预测汤姆应该是个孩子；打开章节目录，"将军""盗墓者""海盗""营地""金币"……哟，这个熊孩子还挺能作妖儿，趣事想必不少。

看完第一章汤姆与包莉姨妈的几轮小斗法，可以预测接下来姨妈对汤姆的惩罚十有八九又要落空，汤姆一定会想些鬼点子躲避惩罚……这一系列的预测、推论、验证、修正活动，不但提升了孩子的阅读理解力和阅读兴趣，也能提升孩子的推理技巧，积累推理经验，对培养孩子思考能力和学习能力至关重要。因此，我们可以从以下几个切入点带孩子进入阅读的天地。

1. 以"书名"为切入点

书名对孩子来说是一个重要的信号，我们可以通过这个信号来激发孩子阅读的兴趣。由于书名包含的信息有些是明晰的、有些是模糊的,所以,由书名展开猜想本身也充满了乐趣。孩子可以根据已有的生活经验和阅读经验,去预言书中的故事;也可以展开想象的翅膀,去编织他们心中的故事。

2. 以"情节内容"为切入点

故事情节是吸引孩子的基本要素,我们可以指导孩子研究一下目录,既让孩子对整本书的基本架构做概括性的理解,明白作者想要说明什么,又让孩子可以选择精彩的内容进行阅读。在指导阅读杨鹏的《装在口袋里的爸爸》时,主要选择了这样几个章节:"爸爸变小记""爸爸被盗版""我是超人",使孩子既对故事产生了浓厚的兴趣,又对爸爸的可怜与可敬有所感知,并能带着这样的情感基调兴趣盎然地去阅读整本书。

3. 以"人物形象"为切入点

人物形象鲜明(众多)的作品,可以以人物形象为切入点,展现人物的所作所为和性格特点,由对人物的兴趣引发阅读的欲望。像《窗边的小豆豆》《草房子》《长袜子皮皮》等。如低年级的有《爷爷一定有办法》;中年级的有《长袜子皮皮》;高年级的有《风的旱冰鞋》等读物。

童园经典 62

将讨论引向深入

要真正读懂阅读的书籍,就要把读书引向深入。要做到这一点,就需要引导者具备追问、点拨、归纳、评价、激励、调控等方面的本领。讨论时，作为引导者不要越俎代庖，不要暗示问题的结论，应该以一个大朋友的身份认真倾听孩子的交际对话；启发他们独立思考，勇于发表自己的见解；启发他们把注意力集中到讨论主题和争论的焦点上；引导讨论向纵深发展，谋求问题得到解决。

以《亲爱的汉修先生》（新蕾出版社）为例。在阅读书籍后，作为引导者可以提问："这本书中有哪些人物？你最喜欢谁？说出你的理由。"通过孩子的交流，梳理出文章中的主要人物。通过说喜欢谁，了解孩子对整本书的理解程度，看他们是如何看待书中人物的。让孩子说理由，就是通过书中的某些情节证明自己的观点，让孩子把阅读中感受最深的地方说出来。

然后引导者还可以和孩子进行交流："书中最让你难忘的是什么？可以是高兴的、悲伤的、痛快的、遗憾的、好玩的……"孩子会选择不同内容从不同的角度进行交流，这样可以丰富孩子读书的感受。通过这样的交流，我们可以帮助孩子完成对整本书的梳理，对孩子来说就是把散落在心中的信息重新进行了排列组合，形成新的更深层次的认识，从而建立整本书的基本框架。

童老师的话

推荐有助于理解的读物

老师向小朋友们推荐对读懂、理解整本书有帮助的读物，它们是：

低年级有《小猪唏哩呼噜》，中年级有《淘气的故事》，高年级有《蓝鲸的眼睛》。

不仅限于这些书，凡是能阅读的书籍都是学习理解读懂整本书的读物，方法是一样的。

童园经典 63

探究细节，抓住重点

我们可以抓住书中的几个重点段落进行提问，进一步提升孩子的阅读效率，提高孩子的阅读能力和想象能力。要抓住重点段落，那么首先要读懂这些段落。

1. 借助文中重点词句读懂段落。重点词句蕴含着重要的信息和意思。例如《跳水》一文中，有这样一句描写孩子神态的语句："孩子却气得脸都红了。"这时可以问问孩子："文章中的孩子为什么气得脸都红了？"孩子通过阅读，能够找到文中对此问题的相关回答："因为猴子把孩子的帽子用牙咬，用爪子撕，孩子吓唬它，它不但不理，反而撕得更凶，还有水手们的笑声更大了。"此时，作为引导者就可以抓住契机，因势利导，追问："此时此刻，孩子的心里会怎样想？"根据孩子的生活体验和积累，孩子可能会回答："该死的猴子，气杀我也，我抓住你后，非扒你的皮抽你的筋不可，看你还敢不敢惹我。""死猴子，太过分了，我是船长的儿子，你也敢来惹我，害我在大家面前丢尽脸面，我非抓住你拿回帽子再收拾你不可。"这一刨根问底，不仅为学生弄清孩子追猴子的根本原因和故事的发展做了铺垫，还培养了学生的想象力。

又如阅读《少年聂耳》一文时，可以抓住"聂耳常常跑到木匠师傅跟前，坐在石阶上，手托下巴，眼睛一眨也不眨地侧耳倾听"这句句子，先让孩子找一找、读一读句中描写聂耳的动作、神态的词，再让孩子想象聂耳听音乐时专注的神情和美好的感受，由此体会少年聂耳对音乐的热爱之情。

2. 借助重要标点。标点是无声的语言，找出重要的标点进行剖析，启发想象，引导发散，可以帮助学生挖掘文章的内蕴。

如阅读了《珍贵的教科书》，最后的一个自然段中"多少年来，那捆用生命换来的教科书和指导员没有说完的话，一直激励着我前进……"这句话中的省略号，就可以让孩子想象指导员没有说完的话可能是什么呢？通过联系上下文，想象，孩子就能从中体会到指导员的高尚情操，同时教育了孩子要珍惜今天的幸福生活。孩子对文章的理解就更深了一步。

又如阅读《五彩池》，文章中有描写五彩池的样子的奇特的句子，怎样能体会到这一点呢？我们就可以抓住这里的省略号帮助孩子展开想象。"池边金黄色的石粉凝成的，像一圈圈彩带，把大大小小的水池围成各种不同的形状，有像葫芦的，有像镰刀的，有像盘子的，有像莲花的……"句子中用各种各样的东西进行比喻，把五彩池奇特的样子写形象了。那么我们就可以引导孩子一边读一边想象，五彩池神奇的样子就由抽象的事物变成了脑中的具体形象，这是多么奇特啊！但是光有文章中描绘的这几种样子还是远远不够的，我们可以接着问："五彩池还会有哪些形状呢？"这一问，孩子的想象思维就会像刚开了闸门的泄洪道，把他们头脑里那些奇思妙想展现出来，树叶状、茶杯状、菊花状……孩子的生活有多丰富，他们的想象就有多奇特，而五彩池神奇的样子就在他们的想象中展开。孩子在体会五彩池样子奇特的同时，既理解了文章的内容，也锻炼了想象力。

3. 借助插图。插图往往是课文内容重点部分的直观展现，借助插图展开想象，能促使学生更好地理解课文内容，体会人物的形象。

如文章《我的战友邱少云》中的插图，描绘了邱少云趴在烈火中纹丝不动，直至壮烈牺牲的情景。我们就可以通过让孩子观察

185

邱少云的动作、神态想象邱少云当时的想法，突出邱少云为了战斗的胜利不怕牺牲，严守革命纪律的精神品质。借助了文章中的插图，使孩子更好地理解了文章内容，也使他们的想象力得到了发展。

4. 借助课文留白。 在阅读教学中，我们要积极挖掘文本中的留白，因为这些留白给读者提供了广阔的想象空间，让读者可以根据对文章的理解，合理想象，从而能更深层次地读懂文章。

例如《穷人》一文结尾处写桑娜怀着不安的心情，把西蒙死去的消息告诉丈夫，试探丈夫的态度，渔夫表示要把孩子抱回来抚养，并催桑娜快去。这时，桑娜拉开帐子。至于西蒙的两个孩子怎样？善良的渔夫怎么样？以后他们的生活又怎样？作者都没有写，故意留下了想象的空间。我们就要利用这些能够创造想象的因素，引导孩子在理解内容的基础上，合理想象"拉开帐子以后的情景"和"孩子在桑娜家的情景"。在此过程中，既可以培养学生的想象力、创造力，同时又加深了孩子对文章内容的理解，对中心思想的感悟。

又如阅读《黄山奇石》一文，我们仿佛跟随作者一起游览了景色秀丽的黄山，欣赏了千奇百怪的岩石——"仙桃石""猴子观海""仙人指路""金鸡叫天都"。孩子不仅了解了这些石头各在什么地方，是什么样子，还对石头的名字产生了兴趣，引起了许多神奇的想象：仙人所指的路通向哪里？猴子是不是靠腾云驾雾的本领生活在云海里观赏美景？……每一块形状不一的石头，都有它神奇的传说，在文章结尾部分还提到了"天狗望月""神女弹琴""狮子抢球"等几种奇石的名字，这些石头又神奇在哪里？为什么取这样富有传奇色彩的名字？……阅读后，我们就可以让孩子当小画家，根据想象画一画自己喜欢的奇石的样子；当小导游，给别人介绍黄山的奇石……这样，孩子通过读读、想想、画画、说说，不仅发展了想象力，还激发了阅读兴趣。

童老师的话

从上下连贯中把握整体性

读懂一篇文章，既要注重细节，更要整体把握。比如："电话铃响了。妈妈正在洗头，她叫我去接。是爸爸打来的。我的胃忽然变得很沉重，好像要垂到地上了。我每次听到他的声音就有这种感觉。"胃沉重怎么和听电话联系在一起呢？这个问题需要学生联系前面的一系列内容才能弄清楚。这样的思考锻炼了学生联系上下文把握整体的能力。同时，这里又是表现主人公对爸爸复杂矛盾情感的重要情节，在这里引导学生深入阅读和讨论，学生能够更深刻地理解主人公的内心世界。

这本书的结尾是这样写的："我觉得悲伤，同时也感到很欣慰。"作者为什么这样结束这本书呢？通过这样的追问，让学生从整本书的角度思考作者成长的心路历程。

最后提出的问题可以是："这本书和其他书比较，有什么不同？"又回到一个整体，要求学生跳出书本。每一本书都有其独特之处，而这本书的独特之处更鲜明，是用书信和日记穿插的形式来写的，还有很多关于写作方法的介绍。让学生注意整本书的特点，是对语言表现形式的一种关注。

童园经典 64

巧妙整合，拓展延伸

一、读思结合，根据年级不同，设计不同思考内容

低年级：① 我读懂了什么？② 我有什么新的感受和体会？③ 吸引我的词语和句子是什么？为什么？

中年级：① 把这个词语换成别的词语，可以吗？我读懂了什么？发现了什么？② 我在写作文时可能会用上哪些词语或句子？③ 我有什么新的发现？

高年级：① 学会做批注。② 从写作手法的角度去读，我有什么新发现？③ 我的疑惑？

1. 读记结合

低年级：摘抄词句，仿句练习。

中年级：摘录佳句、精彩片段、名人名言等。

高年级：摘录还要注明出处，写读后感，做读书小报。

2. 读写结合

创设不同方法，激发学生读写乐趣，可以根据学生喜爱的方式，让学生推荐自己阅读的书籍、写写现场采访、续编故事、与书中人物相见、给作家或者书中人物写信、书中人物小传、读书研究报告，等等。

二、授之以法，培养学生的分析能力

要教会学生阅读，主要可以从精读和泛读入手。精读就是仔仔细细地研读，反反复复地揣摩、品味。它是学生学习从文章中提取信息的规则和方法的活动。我们可以从这几方面指导学生精读。

1. 咬文嚼字，对文中碰到的一些字词，仔细研究、推敲、辨析。

2. 品味重点语句，如主旨句、过渡句、修辞句等，体会句子的语意，培养敏锐语感。

3. 研究体裁、结构。

三、学会泛读，较快获取知识信息

泛读的特点是广泛涉猎，博览群书。目的是通过大量的阅读学习语言，提高思想认识，陶冶情操，启发智慧，发展思维，获取知识信息。

泛读的方法主要有：

1. 浏览

这是小学生读书中一种快速读书的方法，即陶渊明提倡的"好读书，不求甚解"。可以采取"扫描法"，一目十行，对文章迅速浏览一遍，只了解文章大意即可。这种方法可以加快阅读速度，扩大阅读量，适用于阅读同类的书籍或参考书等。浏览阅读主要是重点注意文中的一些关键位置：一是篇名，包括文章的题目和书名。题目是文章的眼睛，往往集中概括了全文的主要论点、主要论题或是主要内容等。通过研究题目，可以对文章或书籍有一个总体的认识。二是目录、序言、提要、索引等，这些将会帮助读者对文章或书籍大体框架、基本思路有所了解。三是正文，这一部分浏览的关键主要是开头、结尾以及中间各段落起首的中心句。将这些关键部分浏览完毕后，会对文章或书籍形成总的印象，如果经回忆有不够完整的地方，或有值得深究之处，可再做必要的重点补阅。

2. 跳读

这是小学生读书中一种跳跃式的读书方法。跳读是有所取舍地跳跃式前进，只停留在那些最有价值的内容上阅读，其他次要内容则大段大段甚至整页整页地略过。所以，善于运用跳读法阅读，不但可以提高阅读速度，而且能够很快抓住关键，把握文章要旨。跳读的具体方法有多种：可以抓住标题、小标题、黑体字等关键处跳读，这些往往都是文中主要内容、中心题旨所在；可以根据关键词语的提示阅读，有关键词语的地方大都是同阅读者所关心的内容或问题联系最密切的；可以重点在篇章的开头、结尾，文中段落的首句或尾句跳读，这些常常是议论性文体的主要观点或论据要点的所在；可以沿着情节发展线索跳读，如在记叙文体中情节之外的纯景物、人物的大段静态描写可直接略过；可以根据语法结构的提示跳读，通过结构词语的帮助来把握书中的思路，如"由此看来""总之"等就可提示读者很快找到关键性的总结句。

3. 寻读法

寻读法是指为得到急需的有关资料，在众多相关书籍资料中搜寻查找的一种快速阅读方法。寻读法是日常工作和学习中经常使用的一种快速阅读方法。我们在辞典中查阅某个字词的意义或读音；在报纸上查看当天的重要新闻；在电视报上了解想看的电视节目；在产品说明书中查询某个故障的排除方法；在某本书中通过目录提要寻找自己最感兴趣的内容；在写作中搜集需要引用的有关资料等时，都会自觉不自觉地用到寻读法。寻读时，要在快速扫视书页的过程中，能够很快地对自己所要查找的某些问题的细节如人名、地名、事件、年代、概念术语等，做出识别判断。这种快速筛选识别信息的能力，需要在阅读实践中不断锻炼提高。

> 童老师的话
>
> ——引阅读深入

我们不能把一部作品讨论交流的结束当作活动的终止，相反，我们认为，此时，孩子由于观点的碰撞、心得的交流而获得了崭新认识的生长可能，其阅读体验正激发起新一轮波峰。我们应该把握这一时机，巧妙整合资源，进行拓展延伸，顺势将阅读活动进一步引向更为广阔的时空，让阅读呈现推波助澜、后浪赶前浪的理想态势。

童园经典 65

老师引导　掌握方法

要让孩子爱上阅读，老师的适时引导能帮助他们合理地运用阅读方法，增加阅读兴趣。

晨读时，教室里静悄悄的，大家都全神贯注地阅读着。只有她——小婧同学坐在书桌边东张西望。要不是老师走进教室，她还瞧得起劲呢！看来这个孩子对阅读并没有多大兴趣，怎么帮助这位同学呢？

抓住时机，老师随机采访了小婧同学的同桌："你在看什么书啊？这么聚精会神！"

"我在读《秘密花园》。"孩子头也不抬地说。

"哟，这么好看啊？"老师提高嗓音，"那么吸引你？"

"这是一本十分有趣的书。"孩子笑呵呵地说，"老师，你瞧，一个《没有门的花园》，花园怎么会没有门呢？再看，《上了锁的房间》，房间为什么要上锁呢？真的很吸引我，我想一下子就看完。"

老师与孩子的对话成功地吸引了小婧同学的注意，小婧的脸上也露出了羡慕的神情。"小婧同学，你想不想看？老师也有一本，借给你。""好的，谢谢老师！"小婧同学喜出望外地回答。"你就先看看目录，哪一章节吸引你，就先看哪一部分。"老师递上书装作若无其事地说。

小婧同学认真阅读着目录，不一会儿就选定了目标——《世界上最奇怪的房子》。

午读时，老师发现小婧同学又在左顾右盼了。果然，小婧同学又遇到了困难。"这时，玛丽意识到要保守秘密，必须小心说话。如果这事被克雷文先生知道了，那可就完了。为什么玛丽要把小铲子都想到要保守秘密，我没读懂。"

"来，想一想，没有读懂文章中的句子，我们可以用哪些方法来帮助自己理解？"老师和颜悦色地启发，"这里的秘密是不是很关键？你就抓住这个秘密，联系上下文去读一读，找一找，老师相信你很快会找到你想要的答案的。"

有了老师的帮助，小婧同学又一次低下头，认真阅读起来。突然，她激动地叫起来："我找到了，我找到了！原来她正在寻找生命的迹象——那些嫩绿色的小点点，她要让这些小生命越长越茂盛。"

"你真是个聪明的孩子。我们在阅读时，可以根据老师上课时教你们的方法来帮助自己理解，这样你读起来，自然更有滋有味了。"老师及时给予了鼓励。这下，孩子阅读的劲头更足了。

童老师的话

——适当的启发

对于那些还没有养成运用阅读方法的习惯的孩子来说，老师适当的启发、引导，会指导孩子如何将学到的阅读方法运用到实际阅读生活中来。通过实践操作，孩子们发现掌握了阅读方法的技巧，就会在具体的阅读环境中主动加以运用，从而提高阅读能力，激发自己的阅读兴趣。

童园经典 66

自主探究　自如运用

一天下课时，晓东同学兴高采烈地来到老师面前，激动地说："老师，告诉你，妈妈给我买了《三国演义》，我可喜欢看了。"这是真的吗？要知道《三国演义》不同于孩子们读过的其他书籍，首先这部作品篇幅较长，全文共一百二十回，每个章回五千余字，共计六十二万字。其次是小说中生字生词多。这本书虽为白话长篇小说，但由于作者的写作年代比较久远，很多语言表述方式、措辞方法，甚至连书中的人名、地名、官名等等，孩子都很不熟悉。仅第一章回里，就出现了二十八个生字，这些字有的可以通过查字典解决，有的字比较生僻，连《新华字典》里也没有收录。第三，书中人物众多，情节丰富，仅有名有姓的就达一千二百多人，再加上盘花纽式的写作结构，给孩子理解这本书内容造成了很大障碍。而他现在还是个刚刚升入四年级的孩子，这能看懂吗？

孩子仿佛看出了老师的疑虑，笑容满面地说："妈妈给我买的是青少年读本，等我读完了，我再让妈妈买原著，读原著。"真是个聪明的孩子，那些经典类书籍，改编本与原著还是有所不同的，这样既可以读懂文章，又领略了原著的独特之美。

"那你读得怎么样？"老师不禁饶有兴致地问。"我最喜欢诸葛亮，因此我着重读了'诸葛亮火烧新野'和'诸葛亮智取华容'两个章节。这是你教我们的，可以从自己最喜欢的内容读起。"小家伙不紧不慢地说。老师暗暗欣喜："那你肯定有很多不认识的字吧？""对的，不过我不怕。"晓东同学胸有成竹地说，"遇到不认识的字，我就查字典。我发现读这本书，《新华字典》也不能完全解决问题，我让妈妈买了《古汉语词典》，有了这本词典，很多冷僻的生字就迎刃而解了。当遇到不理解的句子时，我就会多读几遍，试着联系上下文解决问题。"

看着晓东同学得意扬扬的样子，老师不禁产生了很深的感触。当老师们在课内扎扎实实地教会孩子阅读的方法，孩子在进行课外阅读时就能自如地选择自己喜欢的阅读方法，扫除阅读的障碍，体会阅读带来的乐趣。

童老师的话

添阅读潜能

看吧，教会孩子阅读的方法，能真正调动学生读书的积极性，激发他们课外阅读的潜能，使他们真正成为阅读的主人。

后 记

  上海市民办童园（实验）小学在"读书明理"办学理念引领下，在"大阅读"实践中尤其重视学生习惯的养成。在实践中，我们通过创设氛围，形成方法，全员实施，精准评价，助力学生养成了成就"阅读"的好习惯。我们深知，这一系列习惯的养成落地在童年，对孩子的终身学习能奠定扎实的基础，让"阅读"能真正成为陪伴孩子终身的生活方式。

  《"习惯"成就"阅读"》一书，我们试图通过对小学生必须形成的习惯的梳理，习惯养成的方法实践及其获得效果的阐述，给读者提供最直观有效的启发和帮助，更期盼在出版后能获得社会各界的宝贵建议，以促使我们不断思考，走向卓越。

  在《"习惯"成就"阅读"》一书的编写过程中，得到了本校骨干教师的大力支持，其间进行了多次修改，反复斟酌。在此对大家的付出表示诚挚的谢意。

图书在版编目(CIP)数据

"习惯"成就"阅读":上海市民办童园(实验)小学阅读养成12个"金点子"/孙琳主编.—上海:文汇出版社,2020.9
ISBN 978-7-5496-3236-7

Ⅰ.①习… Ⅱ.①孙… Ⅲ.①阅读课—教学研究—小学 Ⅳ.①G623.232

中国版本图书馆CIP数据核字(2020)第100510号

"习惯"成就"阅读"
—— 上海市民办童园(实验)小学阅读养成12个"金点子"

主　　编 / 孙　琳
副 主 编 / 冯　馨
责任编辑 / 张　涛
封面装帧 / 梁业礼

出 版 人 / 周伯军

出版发行 / 文汇出版社
　　　　　上海市威海路755号　(邮政编码200041)

经　　销 / 全国新华书店
排　　版 / 南京展望文化发展有限公司
印刷装订 / 上海巅辉印刷厂

版　　次 / 2020年9月第1版
印　　次 / 2020年9月第1次印刷
开　　本 / 787×1092　1/16
字　　数 / 160千字
印　　张 / 13.5

ISBN 978-7-5496-3236-7
定　　价 / 40.00元

· 版权所有　侵权必究 ·